三　星

破冰前行的企业未来动能

【韩】金龙俊/著
潘　征/译

S

中华工商联合出版社

图书在版编目(CIP)数据

三星：破冰前行的企业未来动能 / (韩) 金龙俊著；潘征译. -- 2版. -- 北京：中华工商联合出版社，2019.10

ISBN 978-7-5158-2567-0

Ⅰ. ①三… Ⅱ. ①金… ②潘… Ⅲ. ①电子工业－工业企业管理－研究－韩国 Ⅳ. ①F431.266.6

中国版本图书馆CIP数据核字（2019）第196060号

北京市版权局著作权合同登记号：图字01－2015－7863号

三星：破冰前行的企业未来动能

作　　者：[韩] 金龙俊
译　　者：潘　征
责任编辑：袁一鸣　肖　宇
封面设计：周　源
责任审读：郭敬梅
责任印制：迈致红
出版发行：中华工商联合出版社有限责任公司
印　　刷：北京毅峰迅捷印刷有限公司
版　　次：2020年1月第1版
印　　次：2020年1月第1次印刷
开　　本：710mm×1020mm　1/32
字　　数：200千字
印　　张：9
书　　号：ISBN 978-7-5158-2567-0
定　　价：49.00元

服务热线：010－58301130
销售热线：010－58302813
地址邮编：北京市西城区西环广场A座
19－20层，100044
http://www.chgslcbs.cn
E-mail: cicap1202@sina.com(营销中心)
E-mail: gslzbs@sina.com(总编室)

凡本社图书出现印装质量问题，请与印务部联系。
联系电话：010－58302915

企业破冰 33法

第一	**危机意识**	掌握我们身在何处，又要去向何方
第二	**洞察未来**	要展望五年、十年后
第三	**主导变化**	体制、结构和思想方式等全部需要改变
第四	**事业的概念**	能否掌握事业的概念决定企业的生死
第五	**抢占先机**	该放弃的放弃，该开始的要迅速开始
第六	**一等战略**	所有产品和服务都要以世界第一为目标
第七	**信息化**	具备适应 21 世纪的经营结构和系统
第八	**复合化**	通过复合化提高效率
第九	**核心人力**	好的未来需要首先储备人才
第十	**能力主义**	认真选拔人才很重要，妥善安排和照顾人才也同样重要
第十一	**成果奖励**	奖励有成果的员工力度要比奖励社长大
第十二	**女性人力**	积极利用和保障优秀的女性人力
第十三	**活用专家**	活用专家才能有效提高经营质量
第十四	**福利待遇**	贮备多样的福利待遇
第十五	**组织文化**	认识到劳资纠纷直接关系公司存亡
第十六	**人才培养**	强化领导教育，进行有体系的经营者养成教育
第十七	**地区专家**	展望十年，战略养成

企业破冰
33法

第十八	**重视技术**	经济不好也不能减少对研究开发的投资
第十九	**确保技术**	确保技术需要以合作—联合—人员物色的顺序完成
第二十	**开发名牌**	开发顾客和市场要求的最好技术，实现商品化
第二十一	**最好的品质**	要以最好的品质取胜
第二十二	**环境安全**	工作场所，安全第一
第二十三	**采购艺术化**	与采购企业的信赖关系由产品的质量和竞争力决定
第二十四	**市场营销**	要实行哲学、文化的市场营销
第二十五	**顾客满意**	发自内心地亲切服务，迅速真诚地解决问题
第二十六	**设计经营**	21 世纪终究是设计和软实力的竞争
第二十七	**国际化**	让三星在全世界扎根
第二十八	**本土化**	开发适应当地的经营模式，和当地社会共同繁荣
第二十九	**三星化**	当地人力资源管理三星化，构建海外三星
第三十	**创意与挑战**	创造充满创意与挑战的工作
第三十一	**正道经营**	遵守法律法规，做受人尊敬的企业
第三十二	**集团共同体**	增强三星人的整体感和凝聚力
第三十三	**社会贡献**	参与国家经济发展，积极创造经济福利

目录
Contents

|序言|

危机面前再次被提出的
李健熙经营哲学

2009年4月的某一天，三星集团各公司总经理、副总经理等高层经营管理者齐聚在龙仁的研修院。他们集结在这里，是为了参与集团内部进行的培训。

当时的情况并不乐观，全球深陷于始于美国、由雷曼兄弟破产引起的经济危机之中，而三星电子也出现了十年以来的首次季度赤字。

面对如此危机，三星为了使企业组织平稳运行，将最高层的经营人员召集到研修院。从总经理、副总经理到常务、专务理事，三星集团所有公司的高管都接受了培训，并通过培训进行了精神上的武装。

总经理、副总经理在培训中心就座。他们的面前各放着一套培训材料。材料的题目是“通过三星的经营哲学看危机克服方案”，副标题是“新企业破冰33法”。

“企业破冰33法”是在1993年提出新经营宣言之时，对李健熙的发言进行记录，并根据其经营哲学整理而成的33条内容。“知行”是“知行用训评”的缩写，指的是李健熙所认为的经营者应该具备的五种素质和能力，也就是“认知”(知)、“行动”(行)、“用人”(用)、“教育”(训)、“评价”(评)。将这些内容重新进行整理后的内容就被称为“新企业破冰33法”。

李健熙于2008年辞去集团董事长一职。在其离任期间，金融危机席卷全球，作为克服危机的武器，三星举起李健熙经营哲学的旗帜，即对1993年以“改变除了老婆孩子之外的一切”为口号、将三星打造成为世界级企业的成功经验进行重新解读，并使其符合新时代发展的需求。这是以李健熙的哲学进行企业重新武装的方针。

人们可能会有疑问。李健熙到底是有多厉害，才使得已成长为世界级企业的三星集团以并非经济学专家的他的经营哲学为克服危机的手段呢？

培训结束，又过去了几个月。三星电子突破经济危机的重围，实现了第二季度、第三季度连续史上最大业绩的纪录，这使得三星电子毋庸置疑地成了2009年下半年世界电子产业界的话题中心。不过几年前，三星还在为寻求技术支持奔走于各个日本企业之间，而如今，三星的业绩已经与日本企业的业绩形成了鲜明的对比，此时的日本企业正在饱尝业绩不断下降的苦果。

日本舆论开始寻找问题的原因。最终，他们发现，韩日电子企业的差异就在于李健熙的存在。《日本经济新闻》(*Nikkei Business*)等日本舆论就多次以李健熙作为报道的主题。

但是，仅凭这样的结果，并不能完全解答笔者的疑惑。

日本舆论是不是也像韩国舆论一样，对事实进行了夸大？李健熙的存在是否能真正说明韩国与日本电子企业截然不同的命运？李健熙到底是不是把三星打造为如今规模的主人公？三星的今天是否得益于李鹤洙、尹钟龙、陈大济、黄昌圭等强大的专业经营管理者出色的能力？

有一天，一名三星的职员向笔者建议道："如果真的想要了解李健熙的话，那就去看看1993年新经营时期的录像吧。"1993年，李健熙"改变除了老婆孩子之外的一切"的发言引起了社会广泛关注，接着，MBC电视台就把李健熙演讲的画面进行编辑，并以《李健熙综合征》为题进行播放。

不久之后，我买了一盘光盘，把它放到电脑光驱中，画面上便出现了李健熙年轻时的样子。那是发生在1993年德国法兰克福凯宾斯基酒店的会议场景。

李健熙一手拿着烟，正在慷慨激昂地说着什么，他甚至没有注意到烟灰掉落下来。浓重的庆尚道方言里混杂着敬语和非敬语，他在会议上高谈阔论，时而进行说教，时而语气转为命令，时而又好似威胁。他完全没有准备什么演讲稿，而只是依托自己的想法进行演讲。

在此之前，李健熙一直被认为是不善言辞的。但是，画面中的李健熙却仿佛变了一个人。画面中的他，思如泉涌，慷慨激昂地表达着自己的想法。

如果用一句话来总结观看这段录像的感想，那就是"十分震撼”。普通人在看过《李健熙综合征》后肯定会记住“品质经营”、“改变除了老婆孩子之外的一切”这些最具冲击力的内容。但是，这并不是录像内容的全部。

在录像中，他还提到了软件与设计的重要性、家中办公与弹性工作制、农业革命的重要性、不需要家人进行看护的护理人医院、输出对城市开发的创意、将办公区域与住宅区域相结合的复合空间的构想、从以死记硬背为特点的学习中脱离的必然性、所有业务的数字化、具备国际竞争力的人才、企业文化及社会贡献的重要性等各方面内容。

现在看来，李健熙提到的很多内容已经是理所当然的。但是，如果回到李健熙提出以上内容的1993年，像是“软件”、“设计”这样的词汇对于韩国社会来说都是十分陌生的。在那个时期，人们根本都不会想到“护理人医院”、“企业文化与社会贡献”等内容。在他的讲话中，甚至有很大一部分内容直到今天都是三星亟待解决的课题。

他是在描述着未来，而不是一两年以后的事情。他好像把遥远的未来的事情当作了当下需要立马攻克的课题一样，高谈阔论。

那几天里，我都会播放着这个光盘入睡，每天我都会认认真真地对光盘的内容进行记录。大约过了十天，我开始觉得，李健熙好像变成了我的熟人。这是因为，他奇特的口吻以及他的庆尚道语调、他因为抽烟而变得沙哑的声音对我来说都已经变得习以为常。

然后，我得出了结论。

“无论别人怎么说，把三星电子逐步打造成为世界级一流企业的人就是李健熙。甚至说，韩国的企业中有可能至今都没有人超越1993年时的李健熙。”

这个想法也成为笔者把被称为李健熙的经营哲学的“企业破冰33法”编纂成书的理由。

这本书是笔者对于李健熙的解读。当然，书的内容完全是以他的发言为根基的。笔者努力对其哲学，及其整理过程进行考察，其间，完全没有寻求三星的帮助。这是因为，在笔者看来，如果接受了三星的协助，那么，此书就只可能代表三星的逻辑与规则。笔者以三星为取材对象，以笔者亲自看到、感受到的内容，以及通过对经营管理革新及战略学习而获得的想法为基础，对李健熙的言论进行解读。

还有一件事，促使笔者写出这本书。某一天，在上班的路上我打开了收音机。在一个节目里，一位进步阵营的教授正在接受采访。他说道：“李健熙2008年辞去董事长的职务。但是，到其回归公司的2011年为止，三星取得了巨大的发展。这样的结果，不是意味着就算没有李健熙，三星也不会有任何问题吗？”

对于这位教授的发言，笔者不敢苟同。这是因为，在对三星进行取材调查的时候，笔者所看到的与这位教授所说的完全不同。就算是李健熙不在董事长职位之时，他的存在感在三星也是无人能及的。三星一直在以他的方针为行动指南，各个分公司的CEO也是时时刻刻考虑到李健熙的影响，进而开展公司业务。实际上，李健熙也会审查报告书，同时也会决定各位经理的任免。三星依然是在李健熙制造的体系中运作。

在辞去董事长的职位之前，李健熙就与每天按部就班去上班、结算、发布命令的普通企业主们有所不同。“退一步去看世界”——就像他说的那样，他在自己的办公室承志园中做出重要的决断，下达大体方针。

2009 年时，他同样也只是没有“董事长”这一明确的头衔，但却是公司在政策、情感上名副其实的董事长。对此，有些人可能会批判其作为企业主的专权，这是难以避免的。但是，在他离职期间，三星实现了更大发展的说法却是对事实的歪曲。就算是在他离职期间三星可能实现了的发展，很大程度上也是因为他在之前已经做了完善的铺垫。

“就算没有李健熙，三星也会成长为今天的样子。是专业的经营管理人员造就了今天的三星。”——对于这种片面之词，本书提出了反驳意见。

日本、美国都在强调李健熙的重要性，但是，韩国社会的进步人士却在否认李健熙的作用。这是因为在他们看来，就在他们承认李健熙的瞬间，他们的信仰——经济民主化、以专业经营管理人士为中心的管理理论可能将会土崩瓦解。当然，他们对于李健熙及三星无工会管理的反对情绪、对于三星之前不正确旧习惯的不满等复杂情绪也是可以充分理解的。但是，与之相比，更重要的是事实，理念无法遮挡事实的存在。

笔者也有着相同的感触。在三星进进出出的时候感受到的那种难以名状的压迫感，作为一名韩国记者如果与三星结仇并非好事的莫名压抑感，这些复杂的情绪到现在也一直伴随着我。

在高丽大学工作的德国教授Martin Hemmert在自己的著作《老虎管理层》中也强调道：在韩国企业的发展中，企业主的角色十分重要。然而，当我们真的要对李健熙的三星做出一定的评价时，却会感觉十分地别扭与尴尬。

当然，完成这一课题的重任还是在三星的肩上。三星需要扩大与社会的接触面，消除与大众之间的误会，这并非大众的责任，而是三星的任务，这是因为认知总是在事实的基础上形成的。在责难“大众为什么不了解三星的纯粹性”之前，首先要对使这种想法根植于大众脑中的行动及决定进行充分的反省，只有这样，三星才能立足于社会。

在此，希望此书能够在缩小韩国社会与三星的认知隔阂方面，起到哪怕是微不足道的作用。

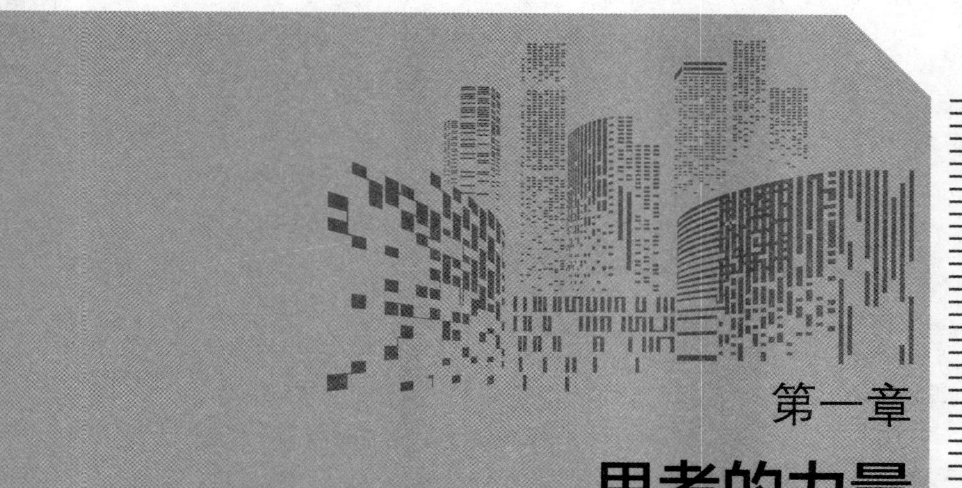

第一章 思考的力量

身为管理者，不仅要用全身心去感受危机意识，比其他人更早地预见未来，走在最前方引导变化。更要在经营中，坚持和强化“组织的全部阶层、全部职员都应具有危机意识……危机意识不容丢失”。对此，被冠以“直觉管理者”的三星“教父”——李健熙，强调要通过思考和不断反思，为时刻处于“危机”中的企业寻找更加光明的出路，直至“思考到精神上疼痛为止”。

工薪阶层无法战胜皇帝

李健熙曾经非常羡慕日本。他曾经想在比韩国更发达的日本开启新的事业，也曾经和父亲多次在日本迎接新年。正式走上事业的一线后，他也是积极地把日本的技术引进韩国。可以说，日本的技术在他的事业发展中起到了决定性的作用。

为了挖到日本的技术人员，他还多次亲自去日本拜访。为三星的改革提供决定性契机的也是一名来自日本的顾问。以这次改革为起点，三星电子逐渐被打造成为世界级的企业。

实际上，李健熙对日本有着一种执念。作为一个人，作为一个经营管理者，就算说他的人生从日本开始、又在日本结束也毫不为过。

李健熙的父亲曾说："要在先进的文明中长大。"他在1952年，把年幼的李健熙送到日本。人性形成的重要时期——小学时期，李健熙是在日本度过的。在学校里，他经常被嘲笑为"朝鲜人”，而且常常是独自一人。放学后，也没有可以倾诉的爸爸妈妈。与人没有什么交际的他逐渐成长为一个越来越内向的孩子。伴随着心里对日本的羡慕，一种难以言表的郁愤也开始在胸中滋长。

从韩国高中毕业后，李健熙又回到日本，并在那里完成了大学学业。在日本生活了很久的他成了 NHK 电视台节目的忠实观众，而日本的杂志也一直在他的必读书目里面。在这样的环境中，他把日本的企业作为学习和追赶的对象也就理所当然了。

1987 年，李健熙从父亲手中接过集团董事长一职，那时起，他变得对日本更加地执著。他经常会说：“我们要学习日本”，还把很多日本人聘任为集团的顾问。

对于这样的李健熙，日本并没有什么消极的看法。一个对日本友好、想要学习日本的企业家不断扩大其在韩国的影响力，站在日本的立场上来看，这是件值得庆贺的事情。这也是日本的企业对三星提供技术支援的原因。

有一个聚会，就象征着李健熙与日本的这种友好关系。这个聚会名为“LJF”（*Lee Japanese Friends*），是他与他的日本朋友的企业人士聚会。参与该聚会的，都是日本大名鼎鼎的电子零部件企业的主管，或者是拥有各个企业政策决定权的最高管理人员。这个聚会是想要学习日本的韩国企业家与为韩国企业提供一定程度的技术支持、并致力于提高产品销量的日本企业人的聚会。不难发现，始于 20 世纪 90 年代中期的这个聚会的氛围是十分友好的。

但是，以 21 世纪前十年的中期为起点，这种氛围开始突变。这是因为李健熙试图跨越他从未跨越的一条线。这条线，就是可以被称为“日本的自尊心”的世界电子产业霸权。

李健熙开始正式超越由索尼、东芝、松下、日立、夏普等企业掌握的世界电子市场。日本企业变得紧张也是从这时候开始的。

对于李健熙的警戒心开始在日本社会急速扩散。一本于 2005 年出版的书中反映了这种氛围。书的题目为《让世界最强企业畏惧的三星》，此书一经出版就迅速成为畅销书。这本书分析了毫无活力的日本企业被三星等生机勃勃的韩国企业超越的根本原因。书中还主要批判了无勇无谋、指着工资过日子的日本 CEO 们，而与他们作为比较对象的就是三星高管。书中得到了如下结论：“经营管理者在战略能力以及决策方面的差异使韩日企业分出了胜负。”

书的作者北冈俊明从 2004 年开始了这本书的创作。而韩国与日本企业的经营业绩是他决定写作这本书的动机。2004 年，三星电子的利润有史以来第一次超过了 10 兆韩元。而与之形成鲜明对比的是，索尼、东芝等七大电子产品供应商的利润总和也不及三星利润的一半。对于日本来说，这种业绩是十分惨淡的。

更令人震惊的现实是，不仅是半导体，在其他部件领域，三星也展现出开始超越日本企业的势头。三星一跃进入 20 世纪 80 年代被日本企业丢弃的半导体市场，并以此作为发展的起点。进入 20 世纪 90 年代，三星将从半导体领域获得的巨额利润投入到电视及手机制造产业中。通过这些投入，在日本企业掌控的电视及家电市场，三星也几乎追赶上了日本。

日本舆论开始沸腾。而北冈俊明也以“日本企业是不是以后也要一直追赶三星?”的疑问为他的书做了结尾。

仅仅花了五年的时间，他不祥的预感就变为了现实。2009年全球金融危机势头一弱，三星就开始展示其积攒的力量。三星已经跨过了生存阶段，进入了飞跃阶段。2009年，不仅仅是在半导体行业，三星在电视、手机、家电领域，每个季度都已经实现了兆级（韩元）的收入。而日本电子企业甚至遭受了日元升值，陷入了深不见底的赤字泥潭。

日本舆论再一次陷入恐慌。如今，日本电子企业已经很难再找到能够占据优势地位的市场。美国、欧洲、亚洲都是如此。日本再次开始找寻个中缘由。

他们找到的答案与五年前完全相同，答案就是：李健熙。2010年1月日本经济周刊《日本经济新闻》(*Nikkei Business*）分析道：“三星为了把危机转化为机遇，在日本减少投资的时候果敢地进行了投资。这是只有降低可以产生巨大赤字的风险才能在经济恢复迟缓的情况下实现的。”文中还得到了如下结论：“三星之所以能够进行这样令日本企业的工薪阶层管理者们望而却步的大规模投资，都是因为集团企业主李健熙的存在。”另外，这篇报道的题目是《工薪阶层无法战胜皇帝》。

就在这篇报道完成的时候，李健熙出现在于美国拉斯维加斯开幕的国际消费电子产品展（*CES*）的活动地点。平时对于日本惜字如金的他，在那一天变得有些不一样。

他用颤抖的声音说道："我们超越了日本。由于我们在技术以及设计方面已经领先，短期内他们是很难赶超我们的。"很久前，他曾经说过："无论是摔跤、乒乓球还是商业方面，只要是赢过日本，我的心情就很好。"而这一天，就是李健熙宣告在与日本之间30年的电子战争胜利的日子。李健熙通过事业的成功，实现了对年幼时在日本受到委屈的回击。

战略性直觉与洞察的力量

• 事件 1 1974 年，在三星电子内部，因为半导体引发了争论。争论产生的原因是因为李秉喆董事长的三儿子李健熙提议“收购韩国半导体”。三星电子的董事们则认为这很荒唐，“就我们这水平，怎么收购半导体……”

那时候，三星电子成立刚刚五年。当时的三星电子甚至都不能制造一台完整的电视机，只停留在从日本买来零部件组装生产的水平，知道半导体是什么的人更是少之又少。三星电管、三星电机等电子相关的三星关联公司都举步维艰，董事们的这种反应也是理所当然的。

李秉喆也似乎对这个建议不怎么感兴趣，所以推迟了对这个建议的决定。最终，李秉喆在公司层面上决定不收购韩国半导体。但是，李健熙并没有就此后退。他对李秉喆说：“如果公司不去做，那么我就用自己的钱去收购韩国半导体。”李秉喆并没有去阻止他。从 20 世纪 80 年代后半期开始，李健熙用个人资产收购并起步的三星半导体产业成了三星集团的摇钱树。而通过半导体赚的钱也成为三星电子以及三星集团成长为世界级强者的坚实的垫脚石。

- **事件 2**　1987 年，全球半导体产业陷入苦恼，原因是针对半导体设计应该采用何种方式出现了两种对立意见。半导体的技术能力体现在集成度方面，也就是说，半导体的技术体现在足够多的数据能够放在多小的空间里。而争论的焦点就是制造存储数据的空间的方式。一种方式是通过挖掘植入数据的“掘沟方式”，另一种方式是将纤薄的片层层堆砌的“堆砌方式”。如果没有选对正确的方案，那么生产能力就会降低，而公司也就会在竞争中落后，因此，方案的决定十分重要，任何一家半导体公司都不敢轻易做出抉择。在这个抉择的岔路口，三星电子选择了“堆砌方式”，而其理论十分简单，就是“堆砌比挖掘后植入更为容易”。有一些企业选择了“掘沟方式”。不久之后，选择了“堆砌方式”的三星电子就开始展现了压倒其他公司的竞争力。自此，三星电子开始了在动态随机存取存储器（*DRAM*）市场的一马当先。

- **事件 3**　1993 年的某一天，三星集团的高层们聚集在太平路大楼的一间会议室里。李健熙坐在会场里，表情逐渐变得凝重，似乎是在争执中变得很疲惫。当时，针对量与质的问题，李健熙正在和经理们进行激烈的讨论。李健熙主张“抛弃数量，以质取胜”。但是，秘书室的职员们却对此持有反对意见。在那个时候，只要把产品放在国内市场上，产品就一定能够卖得出去。在当时需求超过供给的情况下，李健熙主张抛弃量产以及抛弃通过维修产生故障的产品盈利的方法，这对秘书室的职员们来说是难以理解的。

最终，李健熙下了最后的通牒：“如果说之前我们都是按照量是七分重，质是三分重，那么，以后我们就要让质占十分重，量占零分重。”当时的秘书室长李秀斌（音译）反驳道：“我认为做到那一步是难以接受的。”李健熙把茶匙一扔，结束了会议。第二天，李秀斌的职位被人取代，成为李健熙个人标志的“质量管理”由此开始。

从那个时候起，三星电子只要出现质量不合格产品就会停止生产流水线的运作。这被叫作“流水线停止制”。只有找到产品不合格的原因，流水线才能重新启动。这个事件成为三星向着“高品质的三星电子”进发的起点。从此，三星电子的产品也拥有了不输于日本公司的高品质保障。品质的力量也成为之后三星掌握世界电视机、家电，甚至是手机市场的基础。

上面的事件都是李健熙在管理三星电子的过程中做出的重要决定。这些决定每一个都关乎公司的生死存亡。关于进军半导体产业的决定无须多言，而对于半导体生产流水线的投资哪怕有一次失误的决策，那么数以兆计（韩元）的资金就会一次性地打水漂。有的冒险性决定所投入的资金，甚至能使公司永远地从竞争队伍里淘汰出局。

李健熙做出了自己的决断，而这些决定大部分也正中靶心。三星实现了逐步的发展。相反，在三星不断成长的时候，日本的专业管理人员却显得犹豫不决。他们选择维持现有的体系，或者是不需要投入大量资金也可以平稳运转的方式。“冒险会缩短专业管理人员的任期”——这似乎已经成为他们全部默认的理论。而这也使得日本舆论“为什么我们没有像李健熙那样能够预见未来的管理者”的叹息变得理所当然。

李健熙是如何做出这样的决断的呢？引导李健熙做出这些决定的原动力又是什么呢？寻找这些疑问的答案也是本书的主题，本书旨在追寻李健熙想法的轨迹。

第一个关键词就是“直觉”。我们来听一下李健熙对1974年收购韩国半导体的说明：“1973年石油危机之后，我就确信韩国应该进军附加价值高的高科技产业。听到韩国半导体这家企业面临破产的消息时，我被‘半导体’这个名字深深吸引住了。”

在这里，“被‘半导体’这个名字深深吸引住了”的表现方式十分重要。由于石油危机的冲击，他迫切地感受到进军高科技产业的必要性，而就在这时候，“半导体”这个词汇吸引了他的注意力。就像字面上的意思一样，这是一种“感觉”。

当时，对他来说，在进入半导体产业后怎样进行研究开发，又应该怎样在全球市场上与强者们竞争，他是没有任何对策的。没有计划——这就意味着比起管理学方面的分析，有一种更重要的力量在支配着他的想法。

李健熙把时代的课题与自己的直觉完美结合。对他的直觉虽然无法具体说明，但是他意识到如果不选择半导体产业，那么三星就会成为未来的失败者，因此他选择了避开成为失败者的冒险。同时，他也深刻意识到，能使处境艰辛的三星电子彻底翻身的核心产业就是半导体产业。在具备了核心竞争力之后，其他产业的水平也会随之提高，这是他的“逆向思维管理”理念。

能够说明李健熙的这种决定的词汇就是“直觉”。当“感觉”这个词汇用在成功的企业家身上的时候，就应该称为“直觉”。李健熙也曾说过：“我从我的父亲那儿了解到管理不是理论，而是实际，我还从他那儿学会了‘感觉’。”这也充分说明了直觉对他的重要性。

李健熙认为韩国企业在半导体产业可以取得成功，而在他说明的自己做出这种判断的理由中，我们也可以知道是直觉在引导着他。他还说道：“我认为半导体产业是正好与我们民族的才能与特质相符合的领域。”

韩国属于使用筷子的文化圈，因此手艺很好。又因为韩国人在家里都会脱了鞋生活，因此非常干净。他把这两点作为半导体产业具有成功可能性的根据。这两条理由看似有一定说服力，但又让人感觉不完全确定。这是因为，他的决定是跟随了直觉。

在那之后，李健熙的重要决定大部分也是通过这种方式进行的。对于李健熙做出的决定，是不可能用数字去证实其成功的可能性的，因为他做出的决定都是突破常规的连续性决定和冒险。

当然，大部分这样的决定在初期都会遭遇反对意见。在经济不景气时期，李健熙宣布要进行大规模的投资。有人说李健熙的行为太过疯狂，分析家们也纷纷指责这种以李健熙为中心的三星式决定方式是不透明的。有很多外国证券分析师甚至指责说，三星的最大危险要素之一就是“以李健熙为中心的不透明的经营管理方式”。直到21世纪前十年的初期，他们都希望得到一些数字来证明自己的言论。

但是，大部分改变世界的战略性判断都是通过这种顺序实现的，这也是管理学家们的共识。在进行了大规模的研究及探讨之后被某些因素牵引，或者根据某种似乎突然萌发的感觉做出战略性的决定，紧接着用行动去实践这种判断，随着时间的流逝，成果会证明当初的判断。这种方式与进行周密的市场调查、通过数字去判断成功的可能性后再去实践的一般性思维是完全不同的。

前方无法看清楚的情况是不能用数字去证明的，这种没有出现在任何管理学教科书中的近乎冒险的决定，就是“李健熙的直觉”。

哥伦比亚大学教授威廉·达根（*William Duggan*）在其著作《伟大战略家的条件》一书中指出：“与在各种各样的经验中得来的单纯的战术性直觉不同，战略性直觉是以经验、冷静的判断、对于历史的学习以及执行力为基础的。”李健熙的感觉就完全属于战略性直觉的范畴。

李健熙也曾亲口提到过直觉的重要性。在他看来，管理者是“能够看到看不到的东西的人”。这是李健熙经营哲学的真谛，而战略性直觉的力量使其成为可能。以此为基础，李健熙高喊着“预测十年后的未来并为之做准备”并打造了今天的三星。

史蒂夫·乔布斯是具有代表性的十分重视无法用数字表述的决定的管理者。史蒂夫·乔布斯在 1983 年展示了第一台苹果电脑后，受到一名记者这样的提问："苹果电脑的需求调查结果是怎样的呢?"乔布斯回答道："亚历山大·格拉汉姆·贝尔在发明电话的时候是先调查了需求情况而发明的吗?"

管理就是看到看不到的东西

世界级的认知心理学家加里·克莱因（*Gary Klein*）也认为，直觉就是“看到看不到的东西的能力”。克莱因将“看不到的东西”定义为“专家能够看到，但其他人看不到的东西”。他还举例说，“普通人无法意识到的模式、变故（未发生过的事件或者与期待值不符的方面）、自身的局限”等都属于“看不到的东西”。而李健熙所看到的就在这个范畴之内。

首先，我们先来看看“模式”。“模式”指的是事情按照一定的方式展开的典型性。李健熙看到，世界制造业的模式从英国传到美国，又从美国传到了日本。他还掌握了在此过程中，竞争力的核心从量转变为质，从硬件过渡到软件。这也是从 1993 年起李健熙主张质量管理与以软件为基础的经营的原因。他掌握了模式，并为未来做好了准备。

除此之外，李健熙还掌握了人和资本聚集的地方就会产生竞争力的模式。他觉察到，世界金融的中心——纽约聚集了全世界的金融公司和人才，风险投资家和 IT 领域的天才们在硅谷展开角逐，并以此提升竞争力。因此，他主张“要把三星打造为天才们的角逐场”。

接下来是“变故”。“变故”指的是不按照过去的规则行动的新秩序。李健熙意识到电视机产业要从模拟向数字急速转变。他认为，在数字时代，液晶电视机会代替电子管电视机，而先起步者与后起步者之间并不会有太大差异。因此，三星从 20 世纪 90 年代初期就开始集中发展液晶电视机。李健熙的预想被证明是正确的，模拟电视机的帝王——索尼逐渐沦落，不得不从三星购买液晶电视机，失去了王位，而三星则接替了这一位置。李健熙预测到了产业的变化，也就是提前预知了以与过去不同的方式前进的数字时代，并为之做了充分的准备。

最后，是自身的局限。加里·克莱因把自身的局限放在了直觉的范畴之内，对此，他这样解释道：“专家的眼睛不只看向外部，同时也时刻看向内部。通过这种方式，他们能够看到自己思考的过程，这包含着对于思考进行的思考的意味，是一种超认知过程。”

也就是说，专家不仅仅是对情况进行认知并只看到全景，而是会对全景所在的角度进行感知，并为此进行预先的准备与战略的变更。

这与李健熙经常高喊“危机”的行为如出一辙。1993 年新经营时期，他称从属于日本的技术力量与干部职员安逸的想法为

“危机”，并高呼“改变除了老婆孩子之外的一切”。1997年，他认为“如果不卖掉所有的资产，跨过这个难关，并以当前的产业构造继续运营的话，三星有可能会永远消失”，并进行了强力的结构调整。

就这样，李健熙在掌握了模式、变故，认识了自身的局限之后，选择了适当的战略，而这些都可以统称为“直觉”。

这种直觉是天生的吗？对此，李健熙说道：“直觉和洞察力是可以通过训练培养的。”他还详细介绍了自己体会到的方法。

李健熙提出的方法的核心词汇是“思考”。借助“思考的力量”确切把握当前自身所处的现实，那么，就可以了解自己现在需要做什么，更进一步的话，还可以看到自己的未来，这是他一贯的主张。李健熙还说：“了解自我，感知危机，突破危机寻找答案的话，就可以看到新的事物。”

这就是笔者把本书第一章的主题定为“思考的力量”的原因。李健熙所拥有的最重要的竞争力就是“以思考的力量为基础的直觉”。通过一句话，可以理解“关于思考的李健熙的想法”，那就是“精神上的疼痛”。1993年时，他曾经这么说过：“我们一直能够很好地忍受物理性质的痛苦，但是却受不了精神上的疼痛。‘脑袋疼’就是出自于这种心理。以后，我们要从肉体的疼痛中脱离，去思考、分析，直到精神上疼痛为止。”

李健熙建议大家思考到精神上疼痛为止。也就是通过这个方式去分析问题，最终找到问题的答案。这是他实际使用的思考方式。

精神上的疼痛。李健熙认为，就像身体过度劳累时会疼痛一样，如果过度用脑就会患上精神上的疼痛。换句话说，如果高度集中地去思考一件事，就会有“该让脑子歇歇了”的想法，只有到达这个程度，才能说自己思考过了。对李健熙来说，思考是培养直觉和洞察力的有效的方法，也是战略性地通向直觉和洞察力的大门。

李健熙还指出了培养思考的力量的方法。“脑袋疼（精神上的训练）也是可以训练出来的。跑过 2000 米，再跑 3000 米、4000 米就不会觉得很困难了。但是，以前从来没跑过步，却突然要跑 4000 米，那就会产生问题。”

李健熙建议，为了培养思考的力量，需要进行训练。也就是在找到答案之前，思考到精神上疼痛为止的训练。

如果回想一下健身房教练们说过的话，那就会发现李健熙的主张是有一定的妥当性的。教练们经常会说：“在通过运动练出肌肉的过程中，实际上肌肉会在某一瞬间感觉非常膨胀。而这一瞬间就发生在你认为自己绝对没有办法再继续举起重量，却又多举了一次时。”

脑子也是一样。在认为自己绝对没有办法再继续思考下去的时候，只要跨过这道门槛，向着答案再多走一步，那么精神上的疼痛就会袭来。这时候，就要扩大自己的脑容量，培养思考的力量。实际中，李健熙在做出重要的决定之前，都会让自己彻底地处在一个人的空间里，他把自己关在一个空间里，然后奋力思考，直到脑子疼为止。

1993 年的大规模投资决定就是这样的例子。在当时，6 英寸的半导体晶元（wafer，制造集成电路的初始原材料——硅等半导体的薄片）是世界标准的规格。半导体制造公司都清楚，如果把晶元的尺寸延展到 8 英寸，那么生产量就会增加两倍。但是，由于技术上的危险性，没有任何公司敢去进行尝试。

对于当时的情况，李健熙说："经过深思熟虑，我决定生产 8 英寸的晶元。""深思熟虑"一词解释了李健熙的想法。"深思熟虑"就是他独自一人进行的思考。

当想法已经到达无路可走的深处，思考就会变得单纯。而脑海中的解决之道就会变得越发明朗而有条理。李健熙使思考更为单纯化。他把失败时的损失与从未进行尝试而遭受的苦果进行了比较，并得到下面的结论，那就是"因为丧失机会而遭受的损失是无法用金钱去换算的"。

另外，李健熙还使用了"跳级"一词。比如说，有人从小学四年级直接升到了六年级，这就叫作"跳级"。对于当时的情况，李健熙说道："在日本的企业踌躇不前的时候，我认为应该果敢地进行投资。"然后，他就走出了决定胜负的一步。对于当初做出决定的背景，李健熙在自传中是这么描述的："我放弃了一步一个台阶的安稳的路，选择了跳级。"

"跳级战略"意味着"使用第一名的方式是无法赶超第一名的"，是一种创造性革新战略。通过这一战略，在 1993 年 10 月，三星成功登顶存储芯片的第一位。

李健熙一直使用这种方式去思考。思考为他带来了直觉与解决方案，也是他做出使他成功的众多决定的力量。对于这样的李健熙，全南大学的姜俊万（音译）教授评价他为“思考中毒者”。

2002年，李健熙出版了自己的自传，自传的题目为《喂，请思考着生活》。表现非常口头化，却也是十分符合“思考中毒者”李健熙自传的题目。

李健熙成为这样的“思考中毒者”是有其原因的，那就是孤独。一次对李健熙的采访中提到：“李健熙从出生起就习惯了与家人分离的生活。因此，他变得十分内向，没有朋友，酒量也一般，这使他变得形单影只，同时，也让他更多地进行了独立思考，思考的时候想法也会变得非常深刻。”

孤独给予他的礼物就是思考的力量，而思考又给了他把三星电子培养为世界级企业的直觉和洞察力。

不知历史，就无从谈及战略

拿破仑是在“战略”一词的诞生中起到决定性作用的人物。他没有定下什么战斗目标，带领着自己的军队，如幽灵一般游走在欧洲大陆。拿破仑能够像幽灵一样在欧洲游走，是因为他总是提前预想到敌我双方的力量发生碰撞时的结果，然后再采取行动。每当带领着军队与敌军相遇时，他的直觉就开始起作用。如果感觉有可能会输的话，那就选择擦肩而过，如果判断能够取得胜利，那就去战斗并取胜。在拿破仑的战争史中，战斗地点从未出现在维也纳、柏林等欧洲重镇，这是因为当地敌人的防御如铜墙铁壁一般，因此，拿破仑没有发动在那里的战争。他选择带领军队在邻国游走，取得了十二战全胜的战绩，征服了欧洲。对拿破仑来说，战争的起点就是对自身力量准确的了解。

这个事例对于理解李健熙的改革会有所帮助。这是因为李健熙改革的出发点就是“我自己”。李健熙利用从思考的力量中得到的直觉与洞察力在世界电子市场称霸，他提出的第一条关于思考的主题是——“当前我所处的位置（情况）”。

在1993年宣布新经营的时候，三星是韩国国内最顶级的企业。无论是韩国国民还是三星的管理者都是这么认为的。但是，李健熙的想法却有所不同。

李健熙说道：“直到现在，可以说我们还是有一半依附日本。在电子、汽车、造船产业最重要的核心技术方面，我们依然受制于日本。这使得我们在濒临崩溃时无处可逃。”

李健熙评价三星为“崩溃只是时间问题的公司”。他还严厉指责三星的管理层及职员“对三星崩溃的危机毫不知晓，被‘全国第一’的自满和部门利己主义、事业部利己主义冲昏头脑，把公司一步步带向灭亡”。李健熙是对三星做出最冷酷评价的人，而这也展示了他卓越的能力。

对于三星，李健熙能做出与众不同的判断，这是因为他准确把握了时代的脉搏。让我们拨动时针，再次回到当初。

1993年，象征着自由贸易的世界贸易组织（*WTO*）即将成立。在世界上，意识形态的斗争暂告一段落，而经济战争正式拉开帷幕。不难察觉到，思考的舞台从韩国国内延展到海外，只要把握住这一动向，所有的事物都会呈现新的面貌。

当时，除了半导体，三星没有什么能够拿得上世界舞台的产品。而且，三星也没有完整的技术。尤其是当时，三星对于日本的依存度是绝对性的。作为电子产业最重要组成部分的附件和装备，三星使用的都是日本生产的。

李健熙预见到，一旦进入到经济战争时代，日本的态度就会和过去截然不同。在那之前，日本都会为韩国提供技术支援，派遣人才。但是，在他看来，未来这些事情都是不可能再发生的了。李健熙说："我们要尽早在技术方面实现自力更生，不走出对日本的完全依靠是不可以的。我们都在责骂李完用（朝鲜王朝后期大臣，被当今朝鲜和韩国视为头号卖国贼。——译注），但我们也很有可能变成下一个金完用、朴完用。"也就是说，技术方面的依存很有可能演变为另一种形式的殖民地化，而放任技术从属发展的企业家则可能成为卖国贼。

李健熙还提出了"热锅里的青蛙论"。他说道："经济战争与武力战争不同。自己意识不到身处战争，也不知道已在战争中败北，便逐渐走向灭亡。这就像关在煮水的锅里的青蛙，连自己濒临死亡都不知道，面对死亡时毫无反抗之力。无论是谁都不会去帮助这场战争里面的落败者。"

由于李健熙在历史的洪流中掌握了三星所处的位置，这使得他能够认识到生存的紧迫感。这是他"在历史的洪流中冷静而又正确地把握了自身位置"的结果。

掌握自身的位置，是战略与战术的基础——这是李健熙所信奉的哲学。李健熙强调道："自我认知不够准确的话，就不会得出战略，而会失去战术概念，并丧失对轻重缓急的判断力。"

对于这种在历史中判断当下的自己的问题，我们也可以在李健熙后来的发言中多次确认。在三星取得发展的2007年，世界经济正在朝着泡沫经济的顶点发展。此时，李健熙提出了"逆三明治论”。在当年 4 月的一个会议上，李健熙高声说道：“印度、中国在后面奋勇直追，日本在前面一马当先。那么，我们是不是要先分析一下自己呢？我们奋勇直追，诺基亚等竞争公司就会对此留意，并带着危机意识去观望。我们到底怎么样？我们的姿态到底怎么样？”

这是李健熙对三星及韩国经济认真思考过的结果。陷在中等发达国家陷阱的韩国，虽然像是走在发展的前沿，但是却仍然与日本有着技术上的差距，而中国和印度又在身后奋起直追，这些想法掠过李健熙的脑海。李健熙想象了一下，得到了下面的结论：如果这种情况继续维持几年的话，韩国的经济、三星只可能面临巨大的危机。

处在“逆三明治”情况里的韩国经济与三星能够选择的战略是非常明显不过的。那就是具备不被追击者逆袭、同时超越日本的“只属于三星的竞争力”。

在此得出的战略被称为“创造管理论”。与过去的制造业不同的高附加价值制造业，是硬件与软件相互配合，创造新的竞争力的融合产业。为了实现这一目标，李健熙认为三星也需要与过去不同的企业文化。

他主张：“为了使全世界的人才在三星尽情展示自己的想法、最大化地发挥自身的能量，三星应当改革自身的管理系统以及制度。就算是我们非常珍惜看重的企业文化，我们也应该按照时代的变化对其进行改变，这是我们应该有的觉悟。”

在那之前，三星一直被称为“管理的三星”、“战略的三星”。李健熙认为，三星虽然是通过管理与战略实现了发展，但是却需要转变。他要求三星要向“创意的三星”转变，这是历史的要求。但是，由于李健熙辞去董事长职务，“创造管理”没能结出果实，只能寄托于未来。

危机管理是企业家的本能

掌握当下自己的位置——这常常会和危机论联系到一起。这是因为所有的人类、企业或者国家都不是尽善尽美的，而外部环境的变化会要求组织进行相应的变化。或许也是因此，数千年前赫拉克利特说的一句话——“世间万物都在变化，而唯一不变的是变化本身”才会在今天经常被战略家们提起吧。

李健熙认为，“危机意识”是适应这种变化的出发点，同时也是最重要的手段。他还主张，只要掌握了自己所处的位置，以及“我们”企业所处的位置，那就肯定会感觉到“危机意识”。

我们来听听李健熙是怎么说的。“从去年末开始，我就感到了深深的危机感，由于这种危机感，我经常是汗流浃背，夜不能寐。因为，这有可能是被夺走一切的结局的开始。”如果这样下去，三星的生存都无法得到保障——正是这种危机意识，成了全球化三星的出发点。

李健熙把危机意识列为管理者应该具备的第一条品德。也是由于这个原因，他以“危机意识”作为开端，作为“企业破冰33法”的第一章，李健熙也因此被很多人称为“危机的管理者”。

每次三星电子获得了较好的业绩，李健熙都会用危机论使组织变得紧张起来。在三星电子正式取得发展的2001年，公司整体上都沉浸在一种节日的气氛中。当时，李健熙就在一次经理级会议上指责说：“对我们来说，最重要的就是危机感在公司整体上影响到何种程度，危机感具体已经影响到哪里，危机感到底有多严重。”

就在三星半导体创造了10兆韩元收益的2005年6月，李健熙依旧警告公司要警惕过去独占半导体市场的日本，他说道：“我们超过日本业界的只有特定的产品，现在事实却被夸大。我们绝对不能无视日本，没有人知道日本到底还有多少能量。”此时，在日本也正式出现了“三星警戒论”。

2010年李健熙回归董事长职位的时候也是如此。当时，三星电子是名副其实的金融危机的胜利者。那个时候，三星电子季度利润超过了10兆韩元，而李健熙却在回归的同时说道：“十年后，三星现在世界第一的产品有可能都会消失。”而这句话也登上了大部分报纸的头版头条。

李健熙抛出的没有尽头的危机论使得三星这个组织的危机感知能力得到高度发展。而危机意识也成为三星的重要企业文化，深入人心。

2008年，金融危机刚刚爆发，这种文化就开始发挥作用。三星集团的整个组织都开始变得紧张起来。除了最高层的管理人员，全部人员都不再配备司机。公司还缩减了广告费用，在工作现场也见不到一次性的咖啡了，个人使用的取暖用品也被收走。三星职员们亲身感知到了这种氛围。在危机意识在全组织传达的速度方面，没有任何一个组织能够与三星相媲美。三星的一个干部说道："我们感觉到，只因为董事长的一句话，整个组织就很神奇地迅速开始感到紧张了。"

在李健熙看来，这种危机管理更接近于企业家的本能。他说："企业家经常是悲观的，在悲观的情况中期盼所有的事情能够有积极的结果——这就是企业。"他对于企业以及企业家的想法可以用下面这句话来概括——"企业和危机是命运的同伴，而企业家就是把危机转化为机会的人。"

这种说法虽然矛盾又统一，但这种对于前景的悲观却来源于远大的目标。李健熙在20世纪90年代初这样说过："悲观是有前提的。我是因为韩国一定要进入21世纪全世界一流国家这个前提才会悲观的。"也就是说，他担心韩国如果不能拿到第一名，就会因此而无法生存，因此会悲观；又想到如果登上了第一名的位置，却不能保证十年后还能固守这个位置，这也只可能使他变得悲观。对于这样的李健熙，"满足"二字是不存在的。在对2011年初取得的较好的业绩进行发问的时候，李健熙斩钉截铁地回答道："对企业家来说，满足是不存在的。"

不安和悲观经常会与"现在就是危机"的认识相连接，这使得人们不得不去进行改变状况的经营管理，从而使危机转化为机会。李健熙的危机论有一个很特别的内容，那就是不区分大危机和小危机，危机就只是危机。

21 世纪前十年的中期，在韩国国内市场，LG 电子的巧克力手机获得了很高的人气，这使得三星手机的销量受到了一定的影响，接着，李健熙便在一个会议中做出如下发言："堤坝在被飞机炮击的时候也会纹丝不动，但是，如果堤坝上有了一个针眼大的洞，洞口就会变得越来越大，最终导致堤坝崩塌。哪怕在一件很微不足道的事情上开始输给竞争公司，这种情况就会逐步扩大，一旦出现一次败北，就再也难以挽回。"

如果你是管理者，请培养立体的思维方式

对于李健熙提出的有关思考的观点，我们可以这样进行整理："在历史的脉络中把握当前的位置，以危机意识为基础，寻找克服危机的解决办法，为此，我们需要严苛的思考过程。"

但是，仅仅凭借这些还是看起来缺了点什么。因此，李健熙又提出了另一种思考的方法。他说道："立体的思考才是做管理的人所必须拥有的。"

对于立体的思考是什么，李健熙用了电影来作为例子进行说明，他说："我在看电影的时候不会只看一遍。换个视角去看的话，会看到完全不一样的新东西。"李健熙认为，分别从主人公的视角、摄像导演的视角、观众的视角、配角的视角、导演的视角来看的时候，就可以看到电影的另外一面。将此与经营管理相结合的话，对于接近一个具体案例的本质、对未来进行预测就会有很大的帮助。

李健熙还认为，立体的思考还能让人客观地看清现实。“如果进行立体的思考的话，那么就能改掉以自己为中心思考、只以自己的价值为基准思考的习惯。”他这么解释道。在他看来，立体的思考是客观分析一件事情的前提条件。

还有评论说，李健熙是一个“电影控”，这也是他能够想到立体思考论的原因。实际上，他在日本的时候，为了抚慰自己孤独的心，只要一有时间他就会看一整天的电影。他回忆道：“那时候，我经常会在电影院里待一整天。”对于电影，他还说：“如果不来管理企业，我就会成为一名电影导演。”这也充分说明了他对电影的热爱。到 20 世纪 90 年代，他的卧室里堆放了数以千计的录像带。

对于管理者应该怎样培养立体的思维，李健熙也提出了自己的建议。首先，他建议管理者们乘坐专机出行。这样，就可以节省下时间在当地观察，与国外的知名人士进行交流，并以此培养能够多角度观察的视角。其次，为了能够立体地观察未来，他也经常邀请世界各地的知名人士来他的办公地点——承志园，并与他们会面。20 世纪 90 年代中期，他就曾会见过史蒂夫·乔布斯、史蒂芬·斯皮尔伯格等人。

立体思考论被作为了三星的情景管理方式。三星每年都会设立管理计划，并编写三个左右的情景。这些都是考虑到世界经济的各种变数，为应对各种各样的情况才准备的。当然，各个关联公司的管理者都会以最不好的情景为基础来进行管理。因此，如果世界经济没有那么糟糕，三星也能够得到相对来说更好的业绩。

除了电影之外，在李健熙建立自己经营哲学的过程中还有一个兴趣起到了巨大的作用，无法被取代，那就是驾驶赛车。就算在他走路都很困难的时候，他还经常在龙仁的赛道上驾驶赛车。另外，每次去参加在美国拉斯维加斯举行的国际消费电子产品展（*CES*）时，他都不会忘记去汽车博物馆参观。对于三星进军汽车产业，也难说跟李健熙的这个爱好无关。他对速度就是这么执著。在他的管理论中，有的内容还与速度有关。其中最有代表性的就是“马赫管理论”。

事情发生在 2001 年三星电子的利润稳定地上升到数兆韩元单位级别时。在第二年的一个会议上，他说道：“我们的销售收益刚刚由喷气式飞机的速度向马赫转变。如果在这个阶段没有快速改变材料、设备、原材料等，那么后来者就会不断地追赶上我们。”“马赫管理论”也就此登场。也就是说，如果想让喷气式飞机的速度超过音速（1 马赫为每秒 340 米），那么设计图、引擎、原材料、零部件等等统统都要改变。

李健熙还强调，如果不完全改变体制，那么三星就无法实现向超一流企业的飞跃性发展。在喊出“改变除了老婆孩子之外的一切”这句口号十年之后，为了能使已经实现飞跃性发展的三星升级到更高的阶段，李健熙向职员们提出了再次改变的要求。当然，他的实际目标不是后来者，而是曾为世界电子市场霸主的索尼与掌控世界手机市场的诺基亚。

“为了能超越诺基亚，我们要从根本上改变设计、技术、组织等所有的一切。”从李健熙 2003 年 11 月的发言中，就可以很好地看出他的想法。而这也是李健熙初露峥嵘的瞬间。他深知，只是适当的变化是无法改变任何东西的。对于贯彻新经营宣言时期李健熙提出的“早上 7 点上班，下午 4 点下班”的令人意想不到的方式，他这样陈述了自己的理由：“在我看来，如果用普通的语言去促进变化的实现，职员们是没有办法完全感受到的。”

对李健熙来说，“伴随着速度的质的变化”才是真正有意义的变化。

三星集团在 2006 年正式将李健熙与速度相关的管理论命名为“马赫管理论”。最近，三星再次把“马赫管理论”拿到桌面上来讲。2014 年 3 月，三星以“马赫管理”为主题制作了五部教学资料，并通过公司内部的节目进行播放。从“马赫管理”第一次被提出，在还不到十年的时间里，三星就在手机和电视机市场上盖过了索尼等日本企业和欧洲家电企业的光芒。而他们再次把“马赫管理论”拿出来，或许是因为之后李健熙没有再次提出新的管理理论。

实际上，从董事长职位上卸任以后，李健熙就没有再提出什么有洞察力的管理理论。另外，就算有很好的理论，只要没有被李健熙引用，也无法作为新的管理理论被确立下来——这也是以李健熙为中心的三星文化的局限。

除了“马赫管理论”，李健熙有名的“鲇鱼管理论”也与速度相关。“鲇鱼管理论”的意思是，只有在池塘里投放鲇鱼，其他的鱼为了避免被鲇鱼捕食，才会以更快的速度移动，从而培养更强的生存能力。李健熙说，自己要担任鲇鱼的角色。就像这样，李健熙从自己的兴趣爱好——高尔夫、电影、汽车等方面得出了管理的经验教训。

这一章就以作为管理者的李健熙说过的关于自己兴趣爱好的几句话作为结尾。下面是他在一个媒体的采访中说的话。

“有空闲的时候，我会买上三四本外国汽车杂志阅读，我收集的电视剧、电影的录像带已经有大约6000部。NHK系列中，有的内容我看了10遍。在看电视剧的时候，我会改变视角，分别站在被害者、加害者的角度上观察，并同时思考这两种立场。这样，就可以具备客观而又多样的视角。我也经常看历史剧。而比起经过修饰、变质的内容，我更喜欢看动物世界或者自然生态的录像。”

第二章 事业的概念与复合化

商业哲学是企业纵横市场的基本经营哲学。成熟、稳健的企业必然具有属于自己的、成熟的、具有市场借鉴意义的成功商业哲学。只有掌握了事业的本质，上升为商业哲学，才会将经营的成败掌握在自己手中，运筹帷幄，畅行千里。当中，“复合化”又是将事业的概念发扬、传承下去的最有效途径。

永不停歇地去把握事业的本质

2000 年 12 月末的某一天，LG 双子塔的某一层响起了皇后乐队（*Queen*）的歌曲。歌曲的题目是《We are the champions》。

在那里，正进行着一场派对。人们正在庆祝 LG 信用卡超过三星信用卡，登上业界第一名的宝座。

对这个第一名，LG 曾经非常渴求。与三星发生竞争的产业虽然有数十个，但是，其中能超过第一名三星的产业却几乎没有。从集团层面上来看，LG 信用卡夺回第一名也是值得庆祝的大事，LG 信用卡的位置也变得更高。LG 集团的董事长具本茂还说道："我们的事业要做得像 LG 信用卡一样。"然而，冠军腰带并没有在 LG 的怀中停留很久。第二年，"信用卡事件"爆发，不祥的气氛开始笼罩在 LG 信用卡周围。

让我们把时间倒回到当时。在 1999 年、2000 年的时候，只要有一张身份证，在大街上随便都能拿到一张卡。这是因为政府为了克服外汇危机而振作内需，一下子放宽了对于信用卡的限制。

信用卡公司向顾客们发放各种奖品，开始竞相招揽顾客。甚至有的公司还向顾客发放很多不同的免费优惠，如电影打折、游乐场免费入场等就是其中的代表。而这些优惠则原封不动地转化为信用卡公司的费用支出。

但是，更大的问题不是这些优惠，而是信用卡使用者本身。2002 年下半年，事件终于爆发。有数百万名的信用卡使用者无法偿还信用卡欠债，成了信用不良者，而信用卡业也遭受了打击。最终，作为业界第一名的 LG 信用卡于 2003 年中断了贷款服务，同时开始进行企业整改，最终遭遇了被新韩银行收购的命运，现在成了新韩信用卡。

不仅是 LG 信用卡，其他信用卡公司的情况也大致相同，三星也是如此。但是，与 LG 相比，三星受到的打击更轻一些。三星以最快的速度推动了三星信用卡公司与财务结构健全的三星 Capital 的合并，然后通过增资的方式幸免于最差的状况。

李健熙也在这个紧要关头登场。三星只要身处困境，便会寻找李健熙，然后按照他的话去行动。对于信用卡事业，李健熙很久以前就这么说过：

“信用卡业就是卖水的生意。”

“卖水的生意”是指卖酒的生意。20 世纪 70 年代到 80 年代，小区入口或者工厂附近有很多破旧的小规模酒店。这些小酒店可以看作现在小区里面的小酒吧，在当时，这些小酒店被称为

"大碗酒店"。由于当时没有信用卡，交易都是通过赊账而不是现金结算来进行的。一多半的人都会在尽情地喝完酒后，把名字写在赊账账簿上，然后离开酒店。等到发工资的日子再一次把钱还清。简单地说，这就是赊账酒交易。

李健熙认为，信用卡业在本质上与这种赊账酒交易（卖酒的生意）是一样的。在赊账酒交易中，最重要的资料就是记录赊账的账簿。这是因为，账簿上记录的赊账在发工资的日子能够收回多少关系到酒生意的成败。信用卡业也是一样。这也强调了赊账（债券）管理的重要性。

三星信用卡开始进行大规模的债券回收。无论是老顾客还是新顾客，三星都推动了回收的进行。而新的贷款业务几乎就相当于中断。三星也因为这种行为挨了很多骂，但是，这也使三星度过了危机。

"信用卡业就是卖水的生意。"——这句话里包含了事业的本质与核心方针。赊账交易中最为重要的部分就是"债券管理"这项方针。事业一蹶不振可以想办法去改变，但是，违背李健熙的话却是没有办法去弥补的——这就是三星的文化。李健熙的话不是关于选择的问题，而是必须要去执行的方针。

"信用卡业就是卖水的生意。"李健熙的这句话可以说是解释事业概念的具有代表性的事例。

"事业的概念"在三星成为韩国市场乃至全球市场强者的过程中起到了非常重要的作用。这是因为，战略就出自这"事业的概念"之中。

“事业的概念”是只在三星使用的陌生用语。李健熙曾说过：“我们要创造类似于‘事业的概念’这样的只属于三星的高级用语。”可见李健熙对于这个用语的自豪感。

“事业的概念”——按照字面上的意思分析就可以。事业的概念，也就是说事业的本质。了解本质，找出核心的成功因素——这可以说是战略的核心。

因此“企业破冰 33 法 ”事业战略的第一条就是“事业的概念”。

李健熙说：“能否掌握‘事业的概念’决定了事业的成败。”他还举例，把百货商场归在房地产业中。对于房地产而言，最重要的就是位置。在李健熙看来，百货商场的事业能不能成功，就取决于百货商场的位置定在哪里。乐天百货商场位于首尔正中心，地铁二号线乙支路入口站与百货商场紧紧相连——如果想想乐天百货商场成为百货商场业界第一名的理由，就可以充分理解位置的重要性了。

李健熙还把酒店业归为“装备产业”。“装备产业”一般是用在需要大规模装置的石油化学、重工业等行业中的。对此，李健熙解释道：“一间酒店的房间需要大约 1300 件的配置物品。谁的配置物品更优秀决定了酒店的成败。”也就是说，酒店要满足来酒店的顾客们的高级品味。李健熙还说，保险业的成败取决于怎样吸引买保险的大婶们。

“事业的概念”在三星成了普遍使用的词汇。因此，三星不会只因为前景较好就投入到某一产业，而是对这一产业的历史、概念，还有其哲学进行彻底的理解之后再开始投入。彻底理解了事业的本质，便可以发现成功的要素。同时，向这一产业进行资源的集中投放，产业就会自动地发展——这是李健熙的哲学，也是三星的哲学。

李健熙这么说过："我会先去把握事情的本质是什么。不知道事情的本质的话就无法做出任何决定。在把握本质之前，我会反复几次去问，去研究。"在这里，他又指出了在具备直觉力方面所必需的另外一个必要的因素——那就是为了去把握本质而进行不断的努力。

就像李健熙说的，他把握了事业的概念，又将其付诸实际的代表性的公司就是他倾注了一生心血培养起来的三星。

李健熙很早之前就把电子产业定义为"时间产业"，也就是说，谁最早生产出产品决定了其在这个产业中的成败。而在实际中，充分执行这一点的公司也全都成了全球第一名。

本质是不断变化的

事业的概念实际上最终是对本质的执著。李健熙曾说过："每种事业都具有各自独特的本质与特性。由于本质不同，各种事业的核心成功要素也各不相同。彻底了解本质及特性，找到核心成功要素，集中管理能力，这些都是战略管理的真谛。"在他的话中，完整无缺地包含着三星的成功秘诀。

那么，如果管理者对事业的概念不了解又会发生什么呢？当然，他们就不会得到战略和战术。李健熙说："如果没有战略和战术，那么要用什么办法来进行管理呢？如果没有战略和战术，就不会知道把钱投资到哪里，以及应该选择什么样的人才。"

对李健熙来说，事业的概念就是他事业成功的公式，而他的几句话就对此进行了很好的证明："事业由不成功到成功，这些都是可以理解的。但是事业由成功到不成功，这却是无法理解的。"比起理论，这更接近于管理者的姿态，也就是执著于事业的概念并对本质进行挖掘的方针。

李健熙如此执著于事业的概念，这和他个人的特性有着密切的关系。他是那种一旦陷进去就一定要走到底的风格，只有解决了疑惑才会觉得过瘾。他总会将构成某个事物的基本要素进行分解，然后通过自己的创意性想法对此进行立体地再构成才会最终满意。

实际上，李健熙从小时候起就经常会买了电子产品，然后把这些电子产品全都拆开。声音好的电子产品与其他产品有什么差别，画质好的产品是由于什么原因，如果三星的产品质量下降了那问题是什么——这些他都要了解个清楚。另外一个可以描写他的词汇就是顽固。

对于高尔夫，他同样也是如此。年轻的时候，除了和父亲李秉喆一起打球或者迎接客人的情况外，他都会一个人打高尔夫。“我自己打高尔夫球的情况占了 90%。”李健熙说道。他还说他会去练习场打球，或者在安阳 CC（高尔夫球俱乐部名称）独自一人打到凌晨。当被问起这么做的理由时，李健熙回答说：“为了研究分析每一个动作，把挥杆动作改到完美，我持续不断地进行了研究。”他还说，企业的管理同样也是如此。

就像这样，李健熙会把所有的事情和企业的管理联系在一起。

对李健熙来说，投入就与本能一样。而与投入相连接的，就是对于本质的执著以及一定要找出解决方案的习惯。

他在一家报纸的采访中说道：“在一个与电子产品相关的会

议上，我确认了自己的想法与其他董事的想法并不相同。然后开始钻研成为发达国家的要素是什么，最终得出结论，那就是在企业层面上来看，要以质取胜而非以量取胜。”在这里，“钻研、得出结论”两个词语非常重要。

本质主义者的思考过程非常复杂。这是因为他们需要把众多的变数放在自己的思考之中，在经过组合的过程之后，再通过自身的创意去寻找根本的解决方案。然后，他们得出的最终结论经常是很单纯的。他们的解答经常很明了——这是因为离本质越近，就越可以把案例单纯化。

李健熙在对本质的探索中更往前走了一步。他有一个疑问：“这种事业的本质、事业的概念是固定的吗？那么，拿到第一名的公司会不会就是永远的第一呢？”李健熙看到的现实与他的疑问正好相反，100 年间有许多在世界市场上称雄割据的企业们在一瞬间轰然坍塌。通过这样的思考过程，李健熙找到了“事业的概念随着时代的变化而变化”的答案。

这里留下的实践课题就是“企业要随着变化的事业的概念而进行变化”。李健熙十分关注变化的事业的概念，并明白了“随着事业概念的变化，核心竞争力也会发生变化”。

他用手表制造业来举例。他说道：“手表制造业在最初是需要高度技术的精密产业。但是，随着数字化的到来，就变成了量产装配产业。之后，又演变成时尚产业，最近又开始向珠宝产业变化。”他还说，每当事业的概念发生变化，胜负的关键也会发生变化。作为精密产业时最重要的是高度的组装技术，作为量产产业时决定胜负的是快速、廉价进行生产的制造方法。另外，时尚产业中的设计、珠宝产业中的加工技术与品牌的影响力都是竞争力的根源所在。手表制造业的主导权从瑞士转向日本，又转移到法国、瑞士等国家，通过这个不断转变的过程就可以更深刻地理解。

李健熙向管理者和职场人士们提出了下面的问题："现在你所从事工作的'事业的概念'到底是什么呢？"

企业的存在意味着超前的行动

2009 年 3 月，爆发于美国的金融危机的余波依然震动着全世界。所有的产业都有些萎缩，而电视机市场也被悲观的前景笼罩。很多人都说："经济这么不景气，谁还去买电视机。"

而三星电子却无视这种悲观的前景，出乎意料地把 LED 电视（发光二极管电视）推向了全世界市场。这种电视的厚度为 29 厘米，比当时的液晶电视机要薄很多，而画质也要比液晶电视机更为清晰。但是，相对地，LED 电视的价格要比液晶电视机贵出约 100 万韩元。所以说，这是一次冒险。

但是，几个月后却出现了意想不到的结果。三星的国外分公司开始接连不断地报告，称就算想卖电视但是却没有产品可卖。这是因为想要买电视的人在不断增多，而制造电视需要的配件——LED 的供给量却不能满足需求。意思为"配件不足"的单词"短缺"（*shortage*）也在这个时候成为电子产业的流行语。

高价格的三星电子 LED 电视需求量打破了业界的预想，实现了井喷。不久之后，2009 年第二季度三星电子的业绩结果出来了：电视事业部所获收益超过了 1 兆韩元，LED 电视的利润率（利润占销售额的比重）也超过了 30%。一般来说，制造业的利润率如果超过 10% 就已经是世界级的水平。冰箱、空调等白色家电的利润率一般是 2% ~ 3%，电视机的利润率能达到 5% 就已经是非常不错了。

实现在市场上超过 30% 利润率的秘诀正是因为三星提前走了一步。李健熙把电子产业定义为“时间产业”，而他的行动战略就是“抢占先机”。三星电子通过 LED 电视产业证明了这一点。

其他的企业一直在观察着三星独自领跑，而他们也终于在 2009 年下半年紧接着展示了新产品，用以追赶三星。而三星的应对方式也与预想的一样——采用降低价格、保证市场占有率的战略，这也是三星在已经尝尽市场带来的好处之后选择的战略。之后，LED 电视的价格出现了直线下降。在韩国国内，50 英寸的电视机的价格降到了 500 万韩元至 200 万韩元之间。世界市场也是如此。只有三星守住了利润。其他的企业虽然也在试图追赶三星，但是，他们却很难在电视产业里避免赤字的产生。

所谓“抢占先机”，就是为未来做好充分的准备，在需求产生之初就掌握市场。

李健熙曾说过：“在企业管理方面，抢占先机才是真正的利润的概念。”他把在半导体产业拿到第一名的成功经验移植到了其他的事业部门。这也是三星特有的把成功经验普遍化的管理方式。他说：“我们在全世界最早生产了 8 英寸半导体。这种行为可能为我们带来成功，然而做不好的话 1 亿韩元可能就打水漂了，但是，我还是要求三星去做。这是因为只有去冒险了，才有可能领先于别人。”

“比别人快一年，就会比第二名多出很多倍的利润，无论是什么，只要抢先占领了市场，那么就会很容易地得到 10 倍，乃至 15 倍的利润。”——这是李健熙一贯的主张。而三星电子的电视机事业部门就通过 LED 电视机证明了这一点。

就没能占得市场先机时会产生的问题，李健熙也简单明了地进行了说明：“在奥运会上，就算拿了第二名也会得到一枚银牌；但是在企业的世界里，第二名什么也得不到。”

如果想拿到第一名，就要走在最前面。因此，李健熙认为，就算要承受一定的损失也要勇往直前地去抢占先机，他说：“比起商业来往中产生的直接损失，机会丧失所带来的损失额是更加巨大的。”

在展示了新产品、参与市场竞争的时候，如果占有率被别的公司领先、价格下降的话就会产生损失。如果产品的开发费用和制造费用比产品的销售价格更高，那么在公司账本上就会被记录为损失。但是，不出示新产品的话，也就不会有损失。因此，该品牌也就不会被消费者看到。而更可怕的，就是这种不被看到的损失，在市场上，因为被遗忘而产生的损失是没有任何方法去挽回的。

因此，李健熙强调说："不能只根据账本上的利润对管理进行判断。"他还说，不能因为不清楚抢占先机和机会损失的差异，就去犯拿着短期利润去判断管理者的错误。

李健熙的"木桥论"便出自于此。李健熙说："别说木桥，就算是乘坐木筏我也要尝试着过去。"

这句话的意思是，为了抢占先机要进行冒险性的投资。他说道："除了贪污公司公款，我们要去'惹事'，也就是说不要害怕事情本身，如果是一定要做的事情，就一定要尽早投入其中，抢占先机，至少要防止机会损失。"

因此，李健熙很讨厌"挽回"这个词汇。对于丢掉机会后声称"从现在起，我会努力去挽回损失"的管理者，李健熙经常会批评他们："没用的。无论你想怎么努力去挽回损失这都是理所应当的，因为这不是挽回损失，而是机会损失。"

"抢占先机"不仅适用于进攻，还适用于防守。李健熙主张，结构调整也应该以"抢占先机"战略为基础。"就算现在有点收益，也要尽快除去应该除去的部分；而且就算有亏损，该开始的也要快点开始。"

也就是说，以"一两年能否获得利润"的视角去看，是没有办法抢占先机的。实际上，三星电子曾经根据这种提前一步的选择与集中性的战略，把2012年仍有收益的打印机公司卖给了惠普公司。

为"抢占先机"所做的准备是必需的。李健熙警告说："如果不把目光放到五年、十年后去开始准备技术投资，那么就算三星依然存在，也会堕落为无法创造收益的公司。”对于李健熙来说，企业的存在就意味着抢先一步。

参透企业文化，超越日本

李健熙在电视机产业中完美地实现了自己的“事业的概念、抢占先机、一等战略”商业哲学。在LED电视机领域超过索尼，成为全球电视机市场第一名的过程也是如此。让我们再暂时回过头去看一下这部逆转的电视剧。

20世纪90年代末的时候，李健熙曾非常郁闷，原因就是电视机。三星实现世界市场占有率第一名的产品包括半导体、液晶电视机等数十个产品，但是电视机却一直没有按照李健熙希望的发展，而把三星的去路拦住的高墙，就是索尼。

数十年间，索尼一直坚守着全球电视机市场的第一把交椅。索尼所持有的技术是被称为“单枪三束彩色显像管”的模拟电视机技术，清晰的画质是这一技术的特征，没有任何一家公司能够超越这一技术。

就算拿到了其他产品的第一名李健熙也并不满足。这是因为，他深知“只有掌握了电视机市场的人，才能掌握世界电子市场的霸权”这一命题。

为了解决李健熙的这个苦恼，三星的管理层甚至尝试引进索尼的技术。他们认为，制造使用了单枪三束彩色显像管技术的电视机，并将其投放市场去销售，那三星还是有胜算的。因此，三星的管理层去了日本。

三星请求索尼的管理层向三星提供单枪三束彩色显像管技术，而索尼狮子大张口，要了很高的价格。如果按照索尼要求的价格引进技术生产电视机，那么毫无疑问，三星电视机的成本价将会比索尼电视机更高。索尼虽然表面上说要卖技术，但实际上却和不肯卖一样。三星的管理层感觉受到了羞辱，但是却对此无能为力。

三星开始自己寻找解决方案。他们为了改善设计、使画质最大化的清晰而不懈努力。但是模拟电视时代的技术差异是无法轻易克服的，想要追赶积累了数十年经验的索尼的技术，这实际上是不可能的。时间就这样慢慢流逝。

刚刚进入 21 世纪，李健熙就开始感觉机会正在向他走来。在电视机市场上，等离子显示板（*PDP*）的需求不断增加，液晶电视机也开始慢慢地受到市场欢迎。在整个电视机市场上，数字电视的占有率逐渐提高。

李健熙的野心开始显现。2001 年初，他说道：“在模拟电视方面，我们输了，这是因为我们出发晚了一步。但是，世界将会向数字化转变，我们都站在同一个起跑线上，我们也可以拿第一名。”他正确地掌握了电子产品市场的发展方向。在模拟电视时代，三星与日本的技术差距一直维持在五年左右。无论三星怎么努力，也只能把差距缩小到两三年左右。这也是索尼把电视机卖到 500 万韩元，而三星只能卖到 100 万、200 万韩元的原因。

但是，数字时代的技术差距最多也不会超过六个月。三星在春季的展会上出示新产品，那么中国就会在秋季的展会上拿出一模一样的产品，从这一点就可以看出来。

然而，就在当时，相信李健熙“我们也可以拿第一名”的三星职员并不多。当时，三星的一个工程师这么说道：“对于工程师们来说，索尼就像是神一样的存在。让我们超越索尼，拿到第一名，这就和让我们超越神是一样的。”

可是李健熙并没有说空话，而是将他的话付诸行动。他决定大力发展被判断为最适合数字电视机显示屏的液晶电视机产业。在 2002 年年初的经理级会议上，他指示说：“三星电管（现三星 SDI）请把液晶电视机的产业移交给三星电子。”液晶电视机产业是三星电管于 1994 年开始，并最终做到世界第一名的产业。从三星电管的立场上来看，这是一件非常委屈的事情。

但是李健熙却丝毫没有留情。他说：“液晶电视机产业需要开拓者的精神。三星电管虽然有着农业性质的勤勉，但却没有发展创意性产业的文化。液晶电视机与半导体工艺相似，但不能因此而把它当作单纯的显示屏交给三星电管去做。这个产业伴随着大规模的投资，但是三星电管看起来却没有投资的余力。”

也就是说，李健熙要用在半导体等产业上挣的钱对液晶电视机进行大规模投资，从而在电视机产业上决一胜负。

这是李健熙参透关联公司的企业文化、他的直觉闪光的瞬间。也宣告了液晶电视机与半导体的结合。

三星电子开始对液晶电视机进行大规模的资金投放。通过这笔投资，三星在品质与大型化的竞争中超过了世界级强者——日本夏普等公司，勇往直前。三星在全世界最早成功实现了 40 英寸等大型显示屏的量产。三星电子的电视机产业也以液晶电视机为中心迅速重组。

李健熙所预见的向数字时代的转换成为现实，液晶电视机等数字电视机迅速取代了模拟电视机。而三星踏上了这个转换期的波浪，在世界市场上，三星电视机的占有率实现了不断地提高。

2006 年初，三星已经几乎追上了索尼。但是，他们却不能放心地庆祝，这是因为一个大问题——价格。索尼的产品依旧卖得更贵。三星电子的电视机部门经理尹富根说道："当时，如果索尼的产品卖到 100 韩元，那么三星的电视机也就卖到 68 韩元左右。"

对李健熙来说，这种程度和第一名相比还是有很远的距离的。根据李健熙对于第一名的哲学来看，当时三星是彻底的第二名。"第一名的产品不仅要有数量上的市场占有率，在质量方面的价值、收益能力还有品牌形象等都要达到世界最高的水平。"

李健熙决定要向第一名发起冲击："请找出超过索尼的方法。"

三星的管理层十分惊恐。实际上在工程师的立场看来，能够追赶索尼到如此程度已经是非常了不起的了。但是，李健熙却说这还不够。他说话时虽然很淡定，但是，在其他人看来，这却和已经下达“立马找到答案”的指示没什么两样。整个三星电子都变得人心惶惶，甚至有工程师说：“老人家野心太强，但却似乎不了解事实。”

然而，在三星，李健熙的指示是不会成为是非判断的对象的。于是，三星的管理层开始进行实际操作。三星式的实践通常都是从“电视机一流化促进委员会”TF（*Task Force*）开始。“电视机一流化促进委员会”于 2006 年 5 月开始启用了这个流程。

电视机一流化促进委员会可谓是“大牌云集”。当时的代表理事副董事长尹钟龙、数码媒体部门主管兼图像显示事业部部长崔志成、图像显示事业部开发组长尹富根等人构成了“电视机一流化促进委员会”的主要力量。这里集合了目前三星电子的四十多名核心董事，也包括了核心零部件半导体以及液晶电视机的负责人。

三星之所以一定需要“电视机一流化促进委员会”，是因为速度与协同互助的需求。三星电子都是按照各事业部门独立运营的。在电视机事业部门里，半导体由半导体事业部门、液晶由液晶事业部门分别购买使用。如果价格不合适，液晶事业部门也会向不是三星电子的其他公司出售产品。半导体部门也是一样。有时候，事业部门之间过度激烈的竞争甚至会引起一些问题。而

“电视机一流化促进委员会”就是为了解决这样的问题，同时实现高速决策、协同互助而建立的。

“电视机一流化促进委员会”没用多久就找出了什么是未来数字电视机的核心竞争力，那就是半导体。半导体的芯片就像人类的大脑一样，能够调节电视机的所有性能，“电视机一流化促进委员会”决定以这个芯片来决一胜负。

但是，实际上却有个绊脚石阻碍了行动的进行，那就是半导体与电视机事业部门分开运作的三星电子的体系。三星需要把两个部门聚合到一起，这是因为如果想要两个公司并肩合作、测试产品性能、开发最合适的芯片的话，就要省去事业部门之间复杂的流程。

“电视机一流化促进委员会”决定把半导体事业部门的人力向电视机事业部门派遣。但是，这件事却没有那么容易。在当时，半导体是三星电子的现金奶牛（*cash cow*），是能够不断产生现金收入的商品，同时也是稳居世界第一名的产品。由于三星是以实际业绩为中心的公司，因此，实际业绩比较突出的相关公司以及事业部门的权力也就相对更大。因此，就算是只把半导体事业部的一名职员派遣到另一处工作，也需要当时半导体事业部的部长李润雨经理的签字。工程师们也是意见纷纷。在实际业绩更好的半导体事业部门工作，他们每年可以拿到相当于年薪 50% 的奖金，没有任何职员想要放弃这种待遇去电视机事业部门。

但是，李健熙接受了“电视机一流化促进委员会”的提案。他下指示，一次性地把半导体的 500 名职员调度到电视机事业部门。这是除了李健熙谁也无法做出的决定。

这个冒险最终成功了。不久之后，被调度到电视机事业部门的半导体工程师们成功开发了被叫作“超现实的引擎”（*Hyper Real Engine*）的半导体片上系统（使多个半导体零部件集成为一体的技术及产品），而三星电子电视机画质的竞争力就来源于此。装配了这个芯片的电视机赢得了全世界消费者们的心。当时电视机的品牌为“波尔多”（*Bordeaux*）。

以三星电子在2006年销售的电视机数量为基准，三星电子超过了索尼，登上了全世界市场第一名的宝座。第二年，以销售额为基准，三星电子也超过了索尼。当时，三星的销售额基准占有率为19%，而索尼的占有率为17%。“电视机一流化促进委员会”在2007年三星电子成为世界电视机市场第一名后解散。

在那之后，直到现在三星电子都再也没有丢掉世界电视机市场第一名的位置。

蕴藏在皇宫公寓（Tower Palace）里的复合化哲学

除了“事业的概念”，李健熙还有一个让他十分骄傲的理论，那就是“复合化”。猛地一看，会觉得这是一个普通的词汇，但是，“复合化”可以解释李健熙的很多想法，同时也是三星的重要战略。对“复合化”的说明要从皇宫公寓（Tower Palace）开始。

位于韩国道谷洞的皇宫公寓在21世纪前十年的中后期成为韩国社会“富”的象征。李健熙也在这里拥有一幢公寓楼，三星前副董事长李鹤洙等很多三星前任、现任高层领导都在这里居住。

然而，刚开始，皇宫公寓并非这么有人气。三星在20世纪90年代后半期开始出售皇宫公寓，那时外汇危机的余波尚未完全消除，因此很大一部分的公寓都是处于未售出状态。三星为了把公寓处理掉，甚至还强制要求董事们购买公寓。三星的关联公司也被分配了购房的名额。为了消耗这些名额，有些关联公司还把名额转给了外联企业。这件事在韩国社会传开，引起了社会的议论。

在这里提出皇宫公寓的事情，并不是为了讨论房地产，而是因为这个公寓里也蕴含了李健熙与众不同的思考。当初，三星在建设皇宫公寓时并不是计划把它建造为现在这样的住宅专用建筑。三星当时的计划是把它建造为同时具备办公室与公寓楼功能的复合式建筑，而只有三星的人员在里面生活、工作。下命令建造皇宫公寓的人也是李健熙。

那么，他到底想通过皇宫公寓做些什么呢？

我们先来听听李健熙是怎么说的："建造 115 层的大楼，一半用作办公室，一半用作公寓楼。如果给大楼配备好的电梯，那么，把全部管理公司的经理聚集到一起也就需要不到 5 分钟的时间。"

为了实现这个想法而进行的工程就是皇宫公寓工程。李健熙想通过这个方式把三星的主要经理和董事等聚集到一处。他设想，在召集经理团的时候，因为大家都生活在一个公寓里，所以只需要 5 分钟就能集合。

李健熙清楚直接的见面接触能够获得更具效率的沟通结果。对李健熙来说，效率就是无论何时都在与时间进行的斗争。怎样才能把别人做起来需要 8 个小时的事情在三四个小时之内完成，这是李健熙所考虑的问题。他在发达国家来回观察，最后确信聚集在一起所带来的效率是最高的。

在意大利，从事时尚产业的人会聚集在一起；在硅谷，聚集着 IT 产业的有才之士。还有，甚至连为他们提供支援的学校、金融公司也聚集在一处，发展相应的产业。伦敦和纽约聚集着金融公司和金融界的各路天才。

李健熙在思考，要以怎样的方式使因为聚集效应而产生的效率适用于三星。他的结论就是把居住空间和工作空间集合到一处。李健熙用“复合化”，也就是“把所有的东西聚集到一处”来表述这种方式。他希望通过这种方式把人、资金、空间，甚至时间等企业可以使用的资源汇集到一个空间内。

按照李健熙的说法，那就是“‘复合化’就是把躺着的都市直立起来”。也就是说，在狭窄的地界上建起超高层的建筑，把躺着的都市直立起来，高效率地活用土地，通过快速的沟通交流，从而提高业务能力。他还说：“‘复合化’就是通过一定的方式把时间结合到一起的问题。”也就是说，他还要把时间也聚合到一起。

他的意思是，每个人获得的时间可能只有 5 分钟，但是 10 个人的话就会有 50 分钟。换句话说，10 个人把各自的 5 分钟聚集在一起，同时好好利用的话，那么可以利用的时间就增加了 10 倍。

史蒂夫・乔布斯曾经也这么说过。1982 年开发苹果电脑的时候，当时的开发组计划使用较为廉价的芯片，但是乔布斯却主张使用高性能芯片。他说：“我们假设有 100 万人使用苹果电脑，如果启动电脑的时间能够快哪怕 1 分钟，那么就可以节约 100 万分钟。”

下面还是李健熙的一些看法。他拿日本举了一个例子：“日本人喜欢通过复合化一次性地聚集在一起，聊聊天，或者讨论其他的东西。去日本公司附近的酒店看看的话，可以发现人们都在讨论例如‘生产线改变了，你觉得怎么样’等关于业务的问题。就像这样，聚集在一起的话可以进行一些具有建设性意义的讨论。”

对于这种会面交流方式的效果，李健熙是有很强的信心的。他拿曾经是三星畅销产品的盒式录像机（VTR）举例说道：“就算是因为一个盒式录像机也需要七八个部门聚集到一起。直接参与管理的班长级、科长级、部长级等各级管理者集合到一起才能得出像样的产品。我们要在一个大楼里面完成这些。我们要选择每次集合只需要花费不到 15 分钟的集合场所。这就是竞争力，是不花钱的竞争力。”

李健熙十分确信，通过他亲自提出的“复合化”理论，可以确保效率和竞争力。但他并没有就此止步，而是要把这种确信转化为实际行动。他要求把办公室、居住空间、会议室、运动设施、酒店、百货商场、超市放在同一座大楼里，通过这种方式来解决时间问题，而皇宫公寓工程就是这么开始的。

然而，由于高度限制等问题的影响，皇宫公寓的建造进度变得迟缓。而周边其他公寓的居民也是怨声载道。就在进展缓慢之时，又爆发了外汇危机。最终，皇宫公寓工程搁浅，这里变成了韩国“富裕”的象征。

但是，在三星，李健熙的方针是具有绝对性的。因此，三星又开始寻找新的方法。最终的结果就是现在位于瑞草的三星公司大楼的诞生。

从地铁二号线江南站出来，向着瑞草洞方向走的话，就可以看到已经形成的三星城。在这里，聚集着三星电子、三星 SDI、三星电机等主要的电子管理公司，以及化学关联公司、三星物产等公司。而在地下，则入驻了 BEANPOLE、Artis 咖啡简餐、三星电子卖场等三星关联公司的主要品牌商店。

瑞草的三星大楼通过地下实现了全部的连接。如果要召集经理团队的会议，5 分钟之内所有人就可以集合到一处。各关联公司之间需要协商的时候，也不像其他稀稀落落分散在各处的公司，而是可以迅速地实现集合。而像是三星生命、三星证券、三星资产运用、三星信用卡等与金融相关的各个关联公司则聚集到曾经的三星本馆所在地——太平路。效率是从直接会面交流的方式中得到，这是李健熙的想法，这一想法变得体系化后就得到了“复合化”的概念，而瑞草的三星大楼则可以看作是实现“复合化”的基础设施。

“复合化”可以使人和资源汇集于一处，从而使效率极大化，这使“复合化”成为三星的基本战略。最近，美国得出一个新的研究成果，那就是人口多的大都市要比人口密度低的小都市更具革新性。也就是说，在人口聚集的大都市，每个人所分配到的权益比小都市的人更多。而李健熙以他事业家的感觉创造的“复合化”理论与这个研究结果如出一辙。

集于一处，便是竞争力

对李健熙来说，“复合化”包括了空间和时间的交流。他还发展了自己的理论，他说道：“‘复合化’包括了生产的复合化、用地的复合化、住宅的复合化等多种内容。”同时，他取得了与日本在半导体方面竞争中的胜利，也通过这次胜利坚定了自己对于“复合化”的信心。

在为摆脱日本动态随机存取存储器（*DRAM*）企业们穷追不舍而召开的 2001 年 8 月的经理团队会议上，李健熙说道：“我们是因为在水原（地名）实现了研究、生产、开发等一系列的过程，所以才能胜过日本。如果把这些全都放在一座大楼里面进行，那么就会产生更强的竞争力。”李健熙既是在对战斗中取胜的原因进行分析，同时也是在下达怎么为未来做准备的方针。按照这个方针的指示，后来三星电子在器兴（地名）建造了亚洲最大的研究开发园区，同时配备了新的半导体生产线。

2003 年 10 月，李健熙再次针对日本半导体在竞争中败北的原因发表了自己的看法：“日本半导体公司处境困难的原因之一，就是他们没有考虑到工厂与公司本部之间因距离而产生的问题。”李健熙在日本访问，参观一家半导体公司之后还说过：“如果工厂和公司本部之间的距离太远的话，那么管理效率就会下降很多，我给日本人说过这件事，但是他们却没有听进去。”

日本半导体公司的本部、研究所以及生产设施之间相隔数百千米远，各部门之间无法实现有效的沟通交流。李健熙分析认为，公司的低效率使他们自讨苦吃，对他们来说，集于一处，便是竞争力。

能够创造出“复合化”这样的概念，和三星集团的主力管理公司是三星电子有着密切的关系。拿电视机来举例，电视机内包含了数以千计的零配件，而数千个零配件要严丝合缝地组合到一起。李健熙曾经说过：“要把数以千计的零配件组合到一起，这是只通过打电话和发电子邮件就能够解决的吗？”在他看来，从开发阶段起，设计师、开发者、零配件负责人、市场企划负责人等就要见面进行密切的协议。当负责这些功能的部门分别位于水原、龟尾、首尔，各自分散的时候，可能产生的问题就可想而知。当产生某些问题的时候，就需要通过打电话或者发电子邮件来解决。在需要紧急见面接触的时候却没法会面，这就可能导致比其他人晚上几个小时才能找出对策。李健熙确信，迟延的这些时间加到一起，就蚕食了一个公司的竞争力。

电子产业是与时间的斗争。如果开发比计划晚上一天或者两天，那么，就无法想象在满足不断变化的消费者的需求方面已经晚了多少。三星电子的经理尹富根说过：“三星电子的首脑们经常在周六晚上 11 点的时候开会，是为了在与时间的战斗中取得胜利。”作为在与时间的战斗中取得胜利的解决方案，李健熙拿出了“复合化”这一剂处方。

那么，在国外工厂生产的产品又应该怎么办呢？为了开发满足当地人需求的产品而每天聚在一起开会，这在现实中是不可能实现的。

为了解决这个问题，三星电子采用的方法是被叫作“尸体剖检”的“事后剖析”（*post mortem*）项目。“复合化”这一李健熙哲学为三星电子在美国这个世界最大的电视机市场上超越索尼、成为世界第一名提供了解决方案。我们来看看这个故事。

直到 21 世纪前十年的初期，三星电子的墨西哥工厂还是个让三星伤脑筋的地方。这个工厂生产的是在美国销售的电视机，但是这里生产的电视机品质却不怎么样，而且也不能及时提供美国人想要的产品。而比起日本、欧洲的企业，三星的知名度又不够高，这更加深了三星的苦恼。如果在美国的销售不够顺利，销售负责人们就会把一句话挂在嘴边——“这都是因为墨西哥工厂。”

然而，当 2011 年 1 月笔者亲自去三星的墨西哥工厂参观时，那里已经完全变了一副模样，再也没有任何人把销售不佳的责任推卸给墨西哥工厂。完美的品质、及时的供应能力——这使墨西哥工厂反而成为三星电子内部的创造性再学习对象。而这些变化的源头，就是“事后剖析”项目。

2006年，三星电子迎来了命运的时间——当时，电视机市场第一名、美国市场第一名就摆在三星的面前。但是，三星的管理层却有一些苦恼。在由日本支配了数十年的电子市场的主导权转交到韩国的过程中，三星的墨西哥工厂成了障碍物，低下的生产能力就是问题所在。只有把生产能力提高上去，韩国才有可能与日本决一胜负。

三星电子的管理层下了最终决断，同时下令“所有人都到墨西哥工厂集合”。参与这次集合的对象范围非常广，电视机负责经理当然不用说，仅仅是北美地区的销售负责人、韩国的商品企划负责人、研究所的研究开发负责人、墨西哥法人生产负责人等董事就达到了数十名之多。

聚集到墨西哥工厂的这些人开始针对所有的事情发表意见。他们从“适合北美地区的产品应该包含哪些想法”这一问题开始，讨论了小到微小的电路、物流、生产线等数百个问题，也因此以意为“剖检”的“事后剖析”来为这个过程命名。对此，当时的三星墨西哥法人代表金硕基解释道：“因为听起来感觉不太好，所以本来没打算用这个词的，但是，我们没有找到能够比这个词更准确地描述当时会议氛围的词汇，于是就将这个词沿用至今。”

在会议上，美国的销售负责人们说明了当地人需求的具体产品式样等；产品企划人们努力寻找能够反映这些需求的方案；墨西哥法人试图找出为了生产这样的产品应该怎样改变生产线的方法；而研究开发负责人们则把这些内容整理聚合在一起，在细致观察了生产线之后回到了韩国。

最终的结果超乎预料。金法人代表说道："这次会议结束不久，研究开发部门就把设计图纸传了过来，他们的设计正好符合在墨西哥工厂进行生产的需求。"这就是"事后剖析"的成果。

2007 年通过这个过程开发、生产的波尔多电视机在北美市场遍地开花。不仅仅是电视机的销售量，在销售额方面三星电子也全部超越索尼，成功登上第一名的宝座。从那时起，三星电子每年会在墨西哥举行两次会议，集中地对新产品进行"解剖"。

李健熙曾经期盼着三星能够拿到世界电子市场的主导权，而他的"复合化"哲学在这一理想实现的过程中起到了决定性的作用。

李健熙曾说过："21 世纪竞争力的核心就在'复合化'之中。在未来，经常聚集在一起这本身就会成为竞争力。"他拿电视机举例说："如果想要在世界市场上生存下来，那么外观设计、底架设计、电路设计、销售、产品企划等各部分的负责人就要集合到一起，共同献计献策。"他还强调说，通过集合到一起的人们的话语、面部表情、姿势动作、眼神得出的想法，可以转化为优质的产品。而"事后剖析"就正好是这种模型的典范。一名参加过会议的董事对此评价道："与通过实际的书面材料来回交流的情况不同，通过各自的眼神确认彼此对于取得世界第一名的热情，消除彼此之间的不信任，这本身就是很大的成果。"

近来，很多关于管理革新的研究也像"事后剖析"一样，开始强调会面交流的重要性。《卓越的想法来自哪里》一书的作者——哈佛大学史蒂芬·约翰逊教授说道："重要的历史性发现或者发明并不是出自研究者的研究室，而是出自于他们聚集在一起进行对话的桌子中。"也就是说，研究者们在分享各自在研究过程中的发现时，就会找到决定性的线索，或者会产生新的问题意识，并最终转化为伟大的想法。

李健熙的"复合化"哲学还延展到了事业结构的"复合化"。2000年初，李健熙在《韩国经济新闻》的采访中说道："三星是全世界少有的几家同时均衡地具备了零配件产业、数字家电产业、通信产业的公司，在各个事业部门相互合作、互相帮助方面，三星的系统运作也比较好。"他很期待事业也像时间和空间一样产生聚集在一起的效果。

"复合化"就这样作为三星的战略根深蒂固。李健熙说："我们的集团从沙子到电视机都能生产，这是我们的长处。这种条件，在全世界只有我们才具备。像这样把多样的条件复合化，集中到一起，就可以成为很大的长处。"

"复合化"还发展为三星集团进军海外的战略。李健熙说道："在进军海外市场的时候，所有人要同心协力一起努力实现目标。一起努力进军海外市场的话，就可以按照相似的基准选拔人才，还可以共同使用基础设施。"也就是说，在进军海外市场的时候也使用强调聚集在一起的"复合化"战略，就会获得很强的协同效果。

"一石五鸟的思考"是李健熙经常挂在嘴边的话。他的意思是让人们时刻记得，要去思考通过一件事情可以获得五种成果的方案。而“复合化”就是能够实现李健熙的“一石五鸟”目标的有效方法。

所有的记录都是情报能力

情报能力可以说是三星的另外一个优点。2002 年和 2007 年的韩国总统选举异常激烈。选举结果出来以后，韩国国内流传着这样一种说法："国家情报院都猜不出的总统选举结果被三星猜出来了。"

三星是从哪儿得到的这种情报能力呢？简单地说，这种情报能力全部是因为三星"记录的文化"才具备的。

三星会把所有的情报都记录下来。国内外业界的动向、舆论的变化、政界和官界发生的一切——这些都是三星记录的对象。日本的主要媒体发出的新闻以及在中国发生的各种事件都会被翻译成韩文，上传到三星的主页上。只要是三星的一员，那么谁都可以去主页上看这些记录。

三星形成这种记录的文化也不能说与李健熙的哲学无关。作为曾经的第三世界的一名企业家，对他来说最值得关心的就是与先进企业之间的差距。另外，他对于发达国家与韩国之间的差距也进行了深刻的思考。在这个过程中，他发现了发达国家与韩国之间的差异。

李健熙说："如果去发达国家，你会发现他们的旧资料、文件会堆得像山一样。历史不过200多年的美国是这样，甚至在第二次世界大战中成为废墟的德国，历史超过1000年的资料也是俯拾皆是。"这让李健熙十分羡慕。他很早就明白了在很多竞争力要素之中，"记录"所具有的意义。他也更加确信，记录的水平可以说明社会之间发展的差距。因此，他下令要在三星把记录打造成一种文化。

李健熙说："历史为什么重要？记录又为什么必要呢？这是因为，把过去的所有数据拿过来，对现在进行分析，对未来进行模拟，就会得出各种各样的成果。"也就是说，所谓"记录"，就是用来观察未来的道具。而模拟则是可以使看不到的东西被看到的有效的方法之一。

近来，大数据一跃成为企业管理的核心要素。李健熙只是没有使用"大数据"这个表现方式，但是他十分强调记录的文化，可以说是已经在实践大数据管理了。李健熙说到记录的重要性是在20世纪90年代初期。

然而，记录和资料也是有"质量"的。李健熙说，如果想要资料成为大数据，同时成为预测未来的手段，那么就需要鲜活的资料，而不是加工以后的资料。在他看来，就算资料没有整理，不够简洁，当记录累积到一定程度的时候也会成为财产。而他对加工过的资料抱有一定的抗拒感。

对于报纸，他也是持有同样的态度。他对于一些人把虚假的情报登载在报纸上的行为非常厌恶。在这儿，笔者将向大家介绍一个与李健熙的这种性格相关的故事。

在大企业里，为了能让大部分的董事们看到主要新闻，企业会把主要的一些报道进行剪贴。这也是为了避免董事们因为读很多报纸而增加负担。三星也是如此。因此，三星集团关联公司宣传组的职员们每天凌晨 4 点到 6 点之间就要上班。

有一天，李健熙在看完剪辑过的新闻后，还剩下一些时间，于是便开始看起报纸。在看过一份报纸之后，他发现了没有在剪辑新闻中看到的报道，而这篇报道是说三星电子的产品存在问题。李健熙勃然大怒，并把负责人们叫过来，大声训斥。李健熙生气的理由就是“隐藏问题是比问题本身更严重的问题”。剪辑的新闻不能去区分对我们有利的、对我们不利的，而是要呈现新闻本身的样子——这才是李健熙的哲学。他深切地了解，判断情报为“有利”或者“不利”，这本身就是对情报的扭曲。

在三星，这种鲜活的记录以及记录的积累不是单纯的义务问题。李健熙用“三星职员的责任”来形容这种行为。文化是一种行动方式。在李健熙看来，如果要让这种行动方式变得熟悉，从一开始就要以责任感来处理这件事。李健熙还说：“只要是三星的员工，无论是谁都有责任留下自己负责的工作的原始数据。这些都会成为三星的历史和财产。”

在原始数据，也就是未经过处理的数据这个表现方式中，包含着重要的意义，这是因为经过加工的材料中可能会含有主观的判断。

李健熙确信，通过记录可以看到未来。他说："把最新的数据汇集在一起，就可以成为情报和常识。把常识有机地、复合性地连接在一起，就变成了知识。如果更深入地进行挖掘的话，这些就可以成为专业知识和智慧。"通过过去与现在看到隐藏事物的洞察力，这就叫作智慧。李健熙把管理者称为"看到隐藏事物的人"。记录就是具备这种直觉与洞察力的基础。李健熙还说："只有到达智慧的层面，一个人才可以说自己在管理公司。"

李健熙对于记录的执著延伸为信息化，这是因为记录不可以只被特殊的人拥有。如果想要自由地共有记录，就需要通过信息化的系统连接分布在世界各地的分公司。

三星正通过"single"这个系统共有所有的信息。信息化是为了发展记录文化所必需的条件。信息化是一个非常进步的主题。在这里，我们将通过三星与信息化有关的一个故事来结束这一部分。

在三星电子电视机负责经理的房间里挂着一个巨大的屏幕。在屏幕上，红色的柱状图在不停地高低变化着。柱状图下面，写着很多地区的名字——这是一个能够实时看到三星电子的电视机在全世界市场上销售情况的屏幕。如果柱状图的情况不乐观的话，经理就会立马拿起电话，而电话对方就是出现情况的国家的负责人。经理会对当地的情况进行具体的追问，确认发生了什么情况，如果没什么情况的话就会要求对方好好做，然后挂断电话。这就是通过信息化解决了速度问题的成果。

2004 年 7 月 26 日的《福布斯》杂志还曾经分析，认为三星的成功是因为其速度化管理的实行。而信息化则是三星为实现速度化管理所打造的强力基础设施。

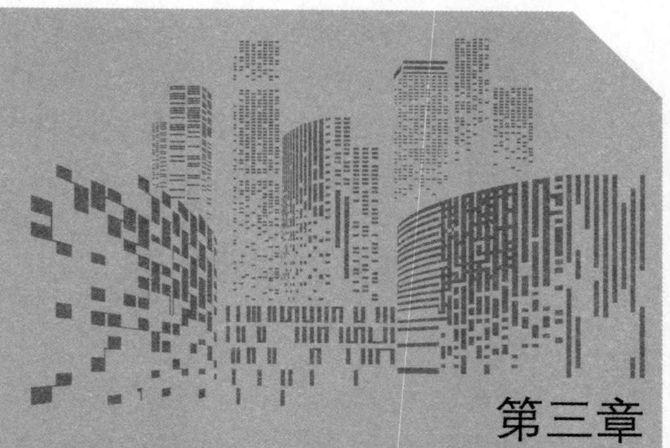

第三章 对人与历史的洞察

很多人都说，三星在世界范围内，成功的原因是因为善于用人。这一点不假。那么，在一次次危机面前，战胜经营困难，渡过重重危机的秘诀，也依然离不开对人才的渴望和知人善用。而成功的选人、用人、培养人的方式，不仅是理念、是哲学、是艺术，更是决定企业文化能否强大的根基。

将人才政策提升到战略水准

“确保人才是为未来进行准备的最重要战略。”李健熙曾经这么说。通过这简短的一句话，就完全可以说明关于三星人才管理这一章节的内容。这是因为，通过这一方针，李健熙使三星完全区别于国内的其他企业。

因此，有很多人会说，三星成功的原因就是三星的人才管理。这句话整体上来说是正确的。三星一直在积极地寻找挖掘、培养人才。所以如果有人说自己有过在三星工作的经历，就会在猎头市场上非常受欢迎。韩国国内中小型中坚企业的 CEO 也有很大一部分是出身于三星。SK 集团、东部集团等公司就大举引进了出身于三星的主要董事，并在努力尝试移植三星模式。这是一个展示三星人才管理成果的范例。

在这里，我们可能会想到一个问题。别的企业同样也在高喊人才管理，但是，为什么只有三星与众不同，成了人才管理的典范了呢？本章的主题就是寻找这一问题的答案。

为了寻找答案，我们先来看日本一本杂志的报道。《钻石杂志》在 2012 年 6 月发表了这样一篇文章。

“2011 年的某一天，在日本某知名电子企业负责开发电动汽车锂电子电池的工程师收到了来自三星的跳槽提议。三星保证，一旦签约，就向该工程师提供 2000 万日元，并提供实收金额为 3500 万日元的年薪。三星还提出，会为该工程师配备秘书、司机，并提供公寓，同时保证该工程师一年内可以回日本 6 次，而其在日本的家人如果来韩国访问，三星也将支付差旅费。这位工程师想，只要在三星工作几年就可以挣到在日本工作一辈子挣的钱。”

在这篇报道中，包含了对三星争抢日本电子企业人才的警戒的信息。报道接着写道：“如果看三星制作的人才后补人选名单，可以发现上面记录了数十名技术干部的姓名、所在公司名称、所属部门、家庭住所、年薪情况等具体信息。通过对这些材料的分析，我们可以知道三星希望得到环境及能源领域的人才。”

笔者在这里长篇引用这篇报道，是因为通过这篇报道，可以从侧面看出三星在人才管理方面成功的原因。其关键词就是战略。

理查德·罗曼尔特（*Richard Rumelt*）教授来自被称为“管理战略的车轮”的安德森管理学院，他曾说过：“好的战略应该具备逻辑性的结构，而这种逻辑性结构的构成要素包括对当前最重要的问题的正确评估、促进方针，以及一贯而又具体的行动。”罗曼尔特教授把评估、方针、行动列为好的战略的三个构成要素。

让我们从这个角度来看看《钻石杂志》的报道中提到的三星在人才确保方面的努力。我们可以看到，三星的人才供需方案是完全按照优秀战略的逻辑结构进行的。

三星首先会对当前的问题进行正确的评估。那就是“虽然三星已经决定把环境与能源作为未来的产业进行培养，但是仅仅以三星自身的技术能力，是不足以制造出领先于市场的产品以及服务的。”“确保先进技术”就成为最为重要的课题。为了解决这个问题，三星就把目光放在了日本的人才身上，并得出与促进方针相结合的三星的战略，那就是“确保环境及能源领域的专业人才”。另外，三星似乎是按照“具体的行动计划不是战略的细节事项，而是战略的核心事项”这一命题，寻找人才，制作名单，并且在具体确认过向他们提出的条件等事项后将计划付诸实践。

通用电气公司的杰克·韦尔奇（*Jack Welch*）参与过数百次的企业并购，他说过这样的一段话：“世界上到处是好的想法。我们只需找出它们所在的地方，并把它们变成我们的，为我所用。”

如果说通用电气公司通过企业并购完成了事业的拼图，那么，三星就是用人才完成的这个拼图。这个人才是日本人还是美国人并不重要。将精力放在在必要的时候带来需要的人——这才是关键所在。

在这里，我们可以发现三星的人才管理与其他企业的人才管理之间的差别——那就是只有三星把人才政策上升到了战略的高度。而这一点是与把人才只当作单纯的手段或者战术道具的企业完全不同的。

三星通过这种方式带来的人才使得三星最大的优点——速度管理成为可能。三星关联公司的一名人事负责人说道："在制造一件产品时，有时候会需要一项技术。举例来说，有时候可能会需要电路专家，而我们不知道开发这项技术需要多少钱、多少时间。于是，我们就要为了寻找具备这项技术的人才而跑去日本。"也就是说，在开发技术的时候请来专业人才来填补这一方面的空缺。三星非常清楚，如果错过了时间，那么技术开发也就没有什么意义了。每个紧要关头，三星从国外请来的人才都会为问题的解决提供线索。

三星的人才战略之所以能够成功，还有另外一个原因，那就是因为三星站在了追击者的立场上。从李健熙成为董事长的1987年开始，到21世纪初期，三星都是后来人。从包括以索尼为代表的日本企业，以及微软、飞利浦、苹果等公司中，就可以看到三星的未来。李健熙还从美国、欧洲、日本公司中找到了韩国公司未来的发展之路。

一切都是按照他预想的发展的。让从全世界带来的人才为可以看到的未来做准备，得到的成果就是今天的三星。而使追击者战略成为可能的平台就是三星的人才管理。

三星的人才管理包含着这样的信息：人才政策不是企业战略的一部分，而是要成为企业的核心战略。

人才战略是一直指引着李健熙前进的三星的核心战略，但是，直到2002年，这个战略才正式被确立。在这一年，李健熙提出了各种各样的想法。比如说把所有的东西全都改变的“马赫管理论”，以及现在要重新为五年后、十年后靠什么维持生计考虑的“准备管理”等等。之后，在当年6月，李健熙把这些想法汇总到一起，提出了“人才管理”这个口号。对人才十分重视的李健熙正式确立了这个战略，并对此进行反复地强调，让我们暂时回到2002年，看看当时的情况。

21世纪前十年的初期，三星的技术已经几乎全部赶上了日本和美国，甚至在有些领域还超越了日本、美国。克服了外汇危机的韩国在世界上成为流行趋势发展最为迅速的国家之一。技术开始引发非线性的变化，而非可预测的线性变化。而网络的大众化也使得信息的不均衡开始慢慢消失。

就在三星结束了追击、急速变化的过程中，李健熙却陷入了混乱。因为，从那时起，再也没有可以让他看到十年之后的未来的企业或者国家。李健熙急于寻找对这种情况的解决方案，但是却没有找到令他满意的答案。

李健熙的另外一个优点就是坦率。他曾经公开地吐露了自身的局限性：“我考虑过五年后、十年后我们要靠什么生存，但是，由于环境、技术的变化太过迅速，我没能想到能让我立刻感觉‘就是它’的产业。”

这让李健熙十分郁闷。到底应该准备些什么呢？为了寻找答案，李健熙见了各种各样的人，去探索各种想法，走遍了世界的每个角落。而他最终找到的解决方案，就是“人”。他说道：“我们要找到能够看到我所看不到的未来的人。”

从那时起，对李健熙来说，人才再也不是追击者战略的核心平台，而是已经转换为与李健熙一起去看他无法独自看到的未来、在世界性的竞争中一马当先的“超越的平台”。李健熙所提出的新的人才管理战略是其对未来的未知产生的迫切感的产物。

对于李健熙来说，人才是追击的平台，是看见未来的窗户，也是他的竞争战略。这是作为三星战略的人才政策的一次升华。数十年间，美国的管理学者以及顾问们针对战略产生了各种各样的争论。费用、产业构造、企业文化、顾客、人才等多种要素都曾经反反复复地被人们提为战略的核心。而这些争论的结果在最近都汇总到一处。简单说的话，可以总结为：“在急速变化的产业环境中，一贯的长期战略很难发挥其力量。在变化的时期，营造能够产生战略性想法的氛围，并用‘人’去完善，这就是战略的核心。”

美国管理战略专家们的苦恼在21世纪前十年初期就已经占据了李健熙的大脑。理论家们都是通过对结果的分析去创造理论，而企业家们则是在战场上去建立自己的哲学，因此，比起理论家，企业家们经常能够领先一步，而李健熙就是很好地展现了这一点的例子。

在这里，我们用李健熙人才论中的一句话来结束这一部分。

“在20世纪，传送带制造了各种产品，而在21世纪，一名天才级别的人就可以替代整个生产工艺。”

对人才的渴求是管理者的本能

好的战略的另外一个重要条件，就是把战略目标根植到公司人员们的大脑之中。这个要素被称为“战略的扩散”。在这一方面，三星的人才管理也与其他的企业有所差别。

我们先来说点过去的事情。最初，李健熙对于人才的野心是很单纯的。他回想着1987年刚刚成为董事长的时候，说道：“我的工作人员只有司机和秘书两个人。就算想去做事业，也没有管理者和我一起。”他在父亲和岳父手下准备了将近二十年，但正当他要将自己的想法付诸实践的时候，却没有能够和他一道的人，这让他感到十分遗憾。

李健熙还吐露了自己被管理团队背弃的感觉。1993年，他批判道：“在三星，汇集了在高中毕业、大学毕业时最顶尖的精英。但是，这样充满智慧而又优秀的人才却被管理者们毁掉了。”李健熙在成为董事长之后，把培养人才的任务交给了管理者们，然而他们却没能把人才培养好，通过这一席话，李健熙也表达了自己的愤怒。

如果从时代背景的角度来看的话，对这种愤怒和惋惜也是有些无能为力的。在李健熙开始管理者课程的20世纪70年代，韩国的人才们都在哪儿呢？答案是大部分都在军队里。在20世纪六七十年代的韩国，去陆军士官学校拿到军衔才能够平步青云。这也是离权力更近的选择。无论在什么社会，汇集着最多权力、金钱、名誉等社会价值的地方都会聚集着各路人才。当时韩国社会的军队就是这样。实际上，就算到了20世纪80年代中期，也有很多学习优秀、头脑聪明的学生选择去陆军士官学校。这里也是实现身份变化的地方。

另外一个聚集着人才的地方就是“官场”——也就是政府。韩国的经济是在典型的国家主导的系统之上实现发展的。在产业发展的时期，主导产业发展的主体就是政府。在这样的国家里，通过公务员考试成为官员是另外一条通向权力的大路。在20世纪60到70年代，经济部门的事务官员一通电话就可以把银行行长等人叫到政府办公大楼，并对他们大声训斥。放到现在，这是难以想象的事情，但是在当时，人才必然会流向权力的另外一个轴心——政府。

聚集在军队、官场，或者银行业的优秀人才大约是在20世纪90年代开始向企业流动。这是因为现代、三星、LG等企业正式开始实现发展。

在这样的时代性的局限下，李健熙所感叹的“管理企业的核心人力不足”问题就变得具有必然性。但是，李健熙却不因其必然性就坐以待毙。这也是李健熙区别于其他企业家的另外一个重要的点。

李健熙跨越了时代的局限，开始寻找人才。他没有选择与现实妥协。

如果李健熙只引进了人才，然后就此打住的话，那么他也无法打造今日的三星。他把自己的想法扩散到整个组织，使得管理者们具有与他相同的想法。他说：“管理者要发自本能地对人具有野心。”把这句话反过来说，那就是“如果没有对于人才的野心的话，那么就可以说这个人不具备管理者的本能”。所以说，三星管理者最为重要的责任之一就是聚集卓越的人才，并对这些人才进行合理的活用。李健熙强调道：“培养必要的人才（合适的人才），在必要的时期（合适的时期）把他们配置到必要的地点（合适的场所）——这才是管理者最为重要的义务。”

从那之后，三星的管理者为了寻找人才，不得不去向四面八方。在李健熙说出“在对经理们进行评估的时候，将以谁招募来多少人才为标准”这句话之后，21 世纪前十年中期，三星的经理们甚至很大一部分都在国外寻觅人才。

在李健熙把自己的想法注入管理者们脑中的过程中，被称作“皇帝管理”的专权很好地发挥了作用，而三星的人才管理也再次证明了这一点。

然而，三星也不是百战百胜，它也曾经品尝过失败的苦果。

21 世纪前十年初，大规模的人才从三星离职出走——那时正是 IT 泡沫最为严重的时期。在克服了外汇危机之后，IT 企业们的股价疯了一般地上涨。借力于金大中政府的风险投资支援政策，很多人投入创业大军的队伍中。在那个时候，只要带上“IT”这个名号，就算是从事农业的公司股价也会大幅上涨。从三星辞职的人也逐渐增多，其中很多人对创业也是充满了野心。另外，如果有出身于三星的人位居公司的核心位置，那么这家公司就非常值得信赖，由于这个原因，一些三星的工作人员从猎头那儿拿到了巨额的薪金，也因此离开了三星。“人才正在流失”——这样的报告传到了李健熙耳中。

对于这种情况，李健熙当然不会坐以待毙。他批评道：“在管理企业的时候，产生亏损是最愚蠢的行为，其后便是人才被抢走。如果从长期的角度来看，人才被抢走甚至是更愚蠢的行为。”李健熙的人才战争就此开始。从那之后，人才流失严重的部门的管理者就再也不可能得到理想的人事考核结果。

李健熙还把“教育”这一责任交给了管理者。“三星厌恶不正当的行为，但是比起这些不正当的行为，三星更厌恶把人才毁了的行为。把人培养成不道德、脑中空无一物的人，或者把人变成没有人情味、不懂礼数的人——这种行为比不正当的行为更无耻，是国家的损失，也是一种罪恶。”像他说的这样，他把人才管理的失败当作是一种罪恶。听到这一席话的管理者们也只能选择避免成为“罪犯”的方式。因此，三星的教育项目也成了一些外国企业创造性再学习的对象。

另外，李健熙也没有漏掉人才管理的细节。2006 年 4 月，李健熙突然下了一道命令——“在设计餐厅的时候，餐厅的排气换气系统强度要比普通的排气换气系统高 3 ~ 5 倍，从而使餐厅没有异味。”

这一席话与具有李健熙个人标志的“危机论”、“10 年后的未来”、“天才管理”等理论不同，显得十分朴素亲民。而这也恰好是李健熙的另一面——他执著于细节。在他看来，餐厅的味道、卫生间等细微的事情都会影响职员们对于公司的看法。他还说过，“微不足道的福利制度有时候会在增强员工对公司感情方面扮演相当重要的角色”，并要求“好好研究职工的福利制度”，这都是李健熙执著于细节的体现。

三星的董事专用牙科医院也体现了李健熙对于细节的关注。三星别出心裁地为董事们在梨泰院建了一个小小的专用牙科医院——这是遵循了李健熙的指示建立的。三星的一名董事说道：“他应该是思考了降低人的业务能力的最普遍问题是什么，从而得出这样的结果。”牙齿虽然看起来是很细微的部分，但是李健熙明确知道，如果牙疼的话人几乎就什么都做不了。

李健熙对于细节的执著几乎体现在每个角落。针对从日本引进人才的事情，他说道：“在请日本顾问的时候，对通过拜访顾问的夫人从而使事情办成的人，我们要对他进行特别的嘉奖。”李健熙知道，当想要让男人改变工作单位的时候，打动女性的心是有多么的重要。

一位前韩国副总理曾经说过这样的话：“三星、LG 干部们的夫人是韩国风险投资企业发展之路上的绊脚石。”也就是说，经验丰富、具备实力的科长、次长、部长们在创业的时候成功的可能性可能会比较高，但是，如果从三星、LG 辞职去创业的话，那么这些人的夫人就会立马要求离婚——在这种氛围中，风险投资的潮流是几乎不可能形成的。

李健熙还强调了人性化的待遇。

在 2007 年 4 月的一个会议上，李健熙说道：“如果提供了人性化的待遇，那么，就算提高了人工成本也会有利润的。就算两三年之内利润并不理想，但慢慢会变得更好的。”三星的关联公司是否执行这一方针则是另外的问题。

李健熙如此关注于细节，可以说这是他对“人”进行研究后的结果。他说：“我会把平日思考的大约 80% 的部分用于研究‘人’。”而在分析了能够打动人的各种因素之后，最终他得到了“重视细节”这个答案。

对人的研究催生了天才管理论

在日本留学期间，李健熙曾经混迹于阿飞团（日本社会里从事暴力或有组织犯罪活动的人士或团体。——译注）。周围的人都很担心他，但是，他本人却对周围的视线毫不在乎。他在阿飞团待了有一年的时间。

在很久之后，李健熙才对他这么做的理由进行了说明："如果听说某人是第一名，那么我就想见到他，想跟他交流。和日本一流的阿飞团集团的人们玩了一年，也是因为这个理由。"出于对第一名的好奇，李健熙选择与他们为伍，并研究与他们之间的不同。

通过这个事例，我们可以发现李健熙所主张的天才管理论很早以前就已经在他的脑海中生根发芽。对于第一名的好奇心在后来的管理战线上转化为对于人才的野心，而在2002年，又继而发展为人才管理论，也就是天才管理论。

他的天才管理论与其他的管理哲学一样，都是以彻底的理论结构为基础的，因为这是对于时代变化的解答。

李健熙遇到了“21 世纪新的竞争力”这一课题，竞争的重点由制造业，也就是硬件向软件转变。与硬件不同，软件可以使人的创意发挥出超出想象的力量。他亲眼看到了这样的事情在美国发生。

主张天才管理论的李健熙曾经这么说过：“只有把天才们聚集到一起去竞争才会有发明。这就是美国占据了从电话机到半导体、软件、硬件等全部发明的原动力。”

李健熙曾经非常好奇美国能够紧握世界经济霸权的原因，他对此深入挖掘，并找到了答案。他找到的答案就是“天才们的竞争”。产业的霸权最终取决于天才们在怎样的空间里进行怎样的竞争，也就是取决于竞争的构架，这就是他的结论。

对于第一名的好奇心、对于人的野心、崭新的时代、走在前列的美国……这些要素在李健熙的脑海中融为一体，并具化为叫作“天才管理论”的管理哲学。

天才们聚集在一起竞争的地方——这就是李健熙所梦想的三星未来的样子。

目前，三星正在硅谷大规模地建造研究所。这不是为了把天才们吸引到韩国来，而是为了直接把空间移动到天才们所在的地方。

天才们的竞争创造出新的文化与文明——这种事情在数千年前就已经发生。苏格拉底、亚里士多德、柏拉图等众多天才在同一个时代诞生于雅典，并建立了西方文明的框架。

两千年之后，在一个叫作佛罗伦萨的意大利城市，米开朗琪罗、列奥纳多·达·芬奇、拉斐尔、吉贝尔蒂、菲利波·布鲁内莱斯基同时涌出，在西方文明史上写下了崭新的一页，而暗无天日的时代——中世纪也就此落幕。天才、管理，还有空间，这三个要素不仅对企业来说最为重要，对人类文化史来说大概也是如此。

就像这样，李健熙的人才管理论被称作是“天才管理论”。他得出了“没有天才就无法在未来生存”的结论。

李健熙在脑海中描画着天才管理的终级画面，他看着引领日本制造业到达全盛期的天才管理者们一个个退出战场，并发现了机会。1993 年他说道：“最近几年间，像是松下等日本最强的管理者们都离世了，这有可能会成为我们的机会。”也就是说，天才管理者的空缺会为三星提供新的机遇。这也成为了现实。在那之后，日本的电子产业界就没能推出在世界上具有影响力的管理者，从而把世界电子业的霸权交到了韩国手中。同时，在软件方面，日本在竞争中败给美国，位置出现跌落。

对此，一个日本学者哀叹道：“日本再也没有能与李健熙这个天才抗衡的管理者了。如果日本还拥有松下幸之助、本田宗一郎、盛田昭夫这样的管理者，那么日本也不会沦落到这步田地。”

那么，李健熙所渴求的天才到底是怎样的天才呢?

李健熙说：“我研究了这些人为了登上最高峰是怎样努力的，并发现了他们的共同点。办事彻底，充满人情味，在给予处罚的时候毫不留情，而在给予奖赏的时候又会让人惊喜。”

李健熙的天才管理者的模型就是这么诞生的。其中代表人物就是微软的董事长比尔·盖茨。李健熙补充说：“天才不是只学习好的人，而是像比尔·盖茨那样，有自己的才气、懂得怎么玩儿、高效地学习并有卓越创意能力的人。”

才气、学习能力、效率、创意等被李健熙选为人才所应具备的最重要的要素。李健熙很早就领悟了软件的重要性，他把开创了软件时代的比尔·盖茨选为天才的典型也似乎是理所当然的。

在管理层面上，对于天才的角色，李健熙说道：“开发一个软件，就可以轻而易举地赚到几十亿美元，就可以为几十万人提供就业岗位。”另外，李健熙还数次强调，从时代角度来看，如果创意和知识的附加价值远远高出制造技术的时代来临，那么，这种人才就会成为企业最为重要的财产。“21 世纪的管理是人的管理，是拥有多少优秀的人的战争。”李健熙在 2006 年如是说。

不仅仅是在管理上取得的成果，比尔·盖茨从一线上隐退后的面貌也在某种程度上与李健熙的人才观正好吻合。在“充满人情味儿”这一点上就是这样。比尔·盖茨在隐退之后，为了维护非洲人民的生命安全，致力于改善当地的卫生间，并致力于消灭非洲的疟疾。

李健熙的天才管理论还发展为“引进 S 级人才”的战略。李健熙说：“拥有一名 S 级的员工比拥有 10 名 A 级的员工更有用，拥有一名 A 级的员工比拥有 10 名 B 级的员工更有用。这是管理里面非常基本的部分。”

这些话如果被不是S级的人才、而未来有可能成为S级的人才听到，他们可能会很绝望，但是，李健熙毫不犹豫地说出这些话，也是有他的理由的。他认为，如果不这么说，专业的管理人员们是不会这么执著于人才的。

这种对于S级人才的执著没有仅仅停留在口头层面上，李健熙甚至还下达了具体的方针——那就是要求管理人员请来比经理的月收入还要高的人才。实际上，在三星，年薪比经理还多的员工不在少数。

对于怎样把人才吸引到三星，李健熙提出了“不要把人才带过来，要把人才请过来”的方针。“S级人力”以及“三顾茅庐”这两点位于“企业破冰33法”核心人才项目关键词的最前面。根据这两点，三星总是为人才们提供更多，从而挑选出更为优秀的人才。

就这样，三星把人才引进公司，并成为世界级的强者，而人才们也开始自动找上三星的大门。三星电子的高管们这么说道：“三星一火，想要来三星的人就变得越来越多。从索尼、东芝、日立跳槽来的人占了很大一部分。”海外营业场所的人才供求进入了一个良性循环。

李健熙并不满足，他要求三星走得更远：“我们要向天才的理工科学生提供奖学金，对他们进行早期培养，要扩大先进行教育训练再录用的实习式录用形式。”用一句话来说，就是要提前抢占人才。

另外，为了防止人才被抢夺，李健熙还下了具体的指示：

“我们要向别人输出‘带走三星的人才会出问题’的认识。”有时候三星甚至会与其他公司就人才被挖走的事件展开诉讼。

在他的天才管理论中，值得人们注意的一点就是他不会使天才管理论只停留在口号层面上。他会根据时代的变化说明我们为什么需要人才，找出使之系统化的方法，并将它付诸具体的行动之中。

宗派即是灭亡

在开始这一部分之前，我们先来几个快速问答。大家不要想得太过复杂。

第一个问题，三星电子公司登记理事权五铉、尹富根、申宗均、李尚勋等四名管理者都是毕业于哪所大学呢？

第二个问题，如果说三星电子今年的业绩好像不错，那么，应该买哪家公司的股票呢？

首先是对第一个问题的回答。权五铉副董事长毕业于首尔大学，尹富根经理毕业于汉阳大学，申宗均经理毕业于光云大学，李尚勋经理毕业于庆北大学。这些人在一年内最少能拿到数十亿韩元的年薪，多的时候年薪能超过 100 亿韩元。

管理团队由毕业于不同学校的人员构成，这是展示三星挑选人才时不局限于某几个学校的范例。

三星关联公司的一名职员这么说道：“昨天，公司内同一所大学毕业的同事们办了一次聚会，就被人事部门警告了。”当被问到公司内同一所大学毕业的同事聚会为什么会受到警告时，该职员回答说：“三星的文化不就是这样吗？”他还补充说，如果根据学校出身或者故乡聚会的话，公司就会出现派别，这是在三星所禁忌的文化。

以能力为中心的人力管理的前提条件就是不存在任何派别——这是三星的哲学。因此，三星关联公司的人力部门不得不睁大了眼睛，留意公司内是否存在大学校友会或者同乡聚会等。

只有割断在韩国社会最为常见的“地缘、血缘、学缘”这三种关系，才有可能根据能力对人员进行评价，这种人力原则也被称为“三不然政策”。

三星对于派别的这种拒绝反应很大程度上也受到了李健熙个人的性格及其成长环境的影响。李健熙曾亲口说“我没有朋友”，他也喜欢一个人独处，他走过的人生与派别有着很远的距离。年幼时，因为与家人之间的距离太远，他曾经以为他的奶奶是他的妈妈。而且，他是在日本度过的童年，也是在日本读的大学，就算他想在国内结成派别也很难做到。

李健熙对于派别的反感也是他对历史进行反省的结果。他认为：“像韩国曾被日本殖民统治，沦落为三流的国家，其最大的原因之一就是派系斗争。”在三星内部也是如此。设计团队是以创意为生命的，李健熙发现连这样的组织都被重视派别的风气笼罩，还曾经雷霆大怒过。从那以后，三星就更加严格地遵守着“三不然政策”。

下面该解答第二个问题了。针对“三星的业绩如果不错，应该买哪家公司的股票”这个问题，分析师回答道：“应该买现代汽车或者起亚汽车的股票。”

这是对三星奖励制度的比喻性的表现。我们来看看为什么会这么说。

李健熙是“按自身能力做事，多劳多得”理论的信奉者。他还更进一步地说道：“奖励制度是资本主义最好的发明之一。”所以说，三星有着根据成果进行追加补偿的最为发达的奖励制度也是理所当然的。

三星的工资制度也非常与众不同。三星电子的工资并非是国内最高的，但是，员工在年末按照业绩能够一次性拿到差不多相当于年薪一半左右的奖金。这都是得益于利润分享（*profit sharing*）制度。各个关联公司的员工按照业绩可以一次性得到从数百万韩元到数千万韩元不等的奖金，而董事或者经理则可以一次性得到数千万韩元到数亿韩元的奖金。

一次性拿到这么一大笔钱的人，很大一部分都会去购买新车，因此也才有了“如果三星业绩好就要去买现代、起亚股票”的说法。

实际上，在2012年，上班族的年薪曾经被公开过。这个统计研究了加入健康保险的上班族中，年薪排名前2500名的人员。其中，包括三星电子无线事业部的申宗均经理在内，共有110名上班族在三星集团的关联公司工作，其他公司最多也都没有超过50人。

三星的专业管理人员能够拿到这么高薪酬的原因也是可以用李健熙的哲学进行解释说明的。他说："如果不按照一流的水平向一流的人员支付年薪，那就不是一流的。S 级、A 级要与 C 级、D 级有着几倍的差距。同年进入公司的员工，他们之间的收入差距能够有三倍，而后辈员工可以是前辈的五倍之多，只有维持这种让员工充满斗志的氛围，品牌才能鲜活起来。"对李健熙来说，不拘一格的待遇是维持品牌鲜活度的必要条件。

这种以业绩为中心的人力政策还可以从三星电子的经理、董事等人员毕业的高校分布中有所了解。在 2013 年年末人事情况公布之前，忠南大学是三星集团的首脑部门未来战略室的最重要的人员毕业院校。另外，如果看一下三星电子董事团的名单，就可以发现这里网罗了全国各地大学出身的人员，地方大学毕业的人员也比比皆是。

2010 年，一名刚刚被派遣到三星电子宣传室的干部这么说道："真是奇怪，来到这里就真的可以知道三星的人事是怎么一回事。在宣传室众多的工作人员中，毕业于首尔大学的仅仅有一人。"这也说明，在三星，比起出身的学校，业绩成果是更为重要的条件。

然而，由于三星也是一个由"人"组成的组织，也无法完全避免一些事情的存在。在各个地方都会存在"谁谁一伙儿的，谁谁一派的"，尤其是出身于董事长秘书室的人员，比起其他部门出身的人员，他们在大多数人事相关的方面明显占据着更为有利的位置。如果说这是所谓的"人脉"，那我们也无法否认。但是，也正因此，从底层传来的不满的声音也在变得越来越多，这也是三星需要解决的问题之一。

除此之外，三星还有其他课题需要攻克。最近，三星开始对过度以奖励为中心的文化进行再次的研讨，这是因为三星内部正在产生一些比预想的还要严重的问题。三星的员工们都说，在三星内部存在着“前者”和“后者”的说法，而“后者”是三星电子之外的其他关联公司在指称自身时混杂着自嘲意味的称呼。在三星电子的职员们拿到巨额的业绩奖金时，连数百万元都拿不到的其他关联公司的员工却比比皆是。如果说三星是一个家族，那家族成员之间的差距也未免过大了些。

在三星电子内部也是如此。几年间，手机事业部能拿到 50% 的业绩分红，但是也有几乎什么都拿不到的事业部门。就算在同一家公司工作，围绕着这种业绩分红，事业部门之间的差距也在逐渐变大——这种现象正在三星内部发生。这种现象可以成为降低员工对于公司忠诚度的诱因之一。

还有一件事令三星人力部门十分担心，那就是以钱为中心的思考方式会在职员之间根深蒂固。也就是说，比起对于三星的忠诚以及对于业务的使命感，“钱更重要”的价值观会在职员们心中生根发芽。这种风气在业绩好的时候可能没有什么大问题，但是，当公司深陷困难之时，却很可能引发问题。有件事就赤裸裸地展现了这种情况的发生。

三星在集团层面上为了提高职员们的士气，效仿选秀节目“Superstar K”举办了叫作“Superstar S”的活动。竟然还有一些参与的团队以“奖励”、“PS”（超额分红）命名。因此，有一段时间有些人担心在公司内部职员们把注意力过度转移到金钱上，并指责应该改善业绩分红制度。然而，这个问题至今都没有得到解决。

在三星的人事方面，还有一个部分迟迟没有将李健熙的理念付诸实际行动，那就是女性人力问题。李健熙对女性有着很高的评价。我们先来听听他对于女性的潜力的评价：“母爱是人类所无法想象的力量。着火的时候，把孩子放在柜子中，然后背着柜子出来，这就是母爱的力量。”他在自己的自传中还写道：“希特勒曾经以犹太人为对象进行过一个残忍的实验。他把一些男人和女人关在监狱里，不给他们任何的食物和水，就让他们饿着。如果说男人在三天内死掉，那么女人都会撑到四天或者四天半。这是由于子宫的原因，在生理方面男性是相对更弱一些的。”

李健熙还对那些没有正经投入工作的男性加以批评，他说道：“在狮子群体中，全都是母狮子去狩猎、生育幼崽并养育幼崽。而公狮子则只是傻傻地趴在那儿看守着领地，然后吃一些母狮子狩猎来的食物填饱肚子。”

他接着说道：“公狮子因为不去捕食，吃得又好，所以看起来皮毛光亮。而母狮子又要捕食，又要做别的事，这样就变得皮毛粗糙甚至脱落。这就是动物的世界。而人也是动物，所以也存在同样的现象。”

他还站在一名企业家的立场上强调了作为消费者的女性的意义。他说：“人们不知道，对于选择阅读什么样的报纸，决定权

80% ~ 90% 取决于女性。家庭中一般都是由夫人来决定的。而在百货商场购买物品的人，有 90% 都是女性。”“如果不对作为消费者的女性进行分析，那么企业就无法成功。”他的这种批判也就因此而变得更为理所当然。

李健熙关于女性的言论延伸到了韩国社会的根本性问题。“三星、韩国社会浪费了什么资源呢？女性在生理上有着卓越的条件，但社会上却不倾向于采用女性员工。20 世纪 60 到 70 年代，女性在就业后就都结婚了，因此，不采用女性员工成了一种习惯。”

李健熙认为，韩国社会正在腐蚀女性这种资源。他是在 1993 年说出的这句话，当然，在当时没有任何人把他的这句话放在心上。

2009 年，三星为了改善女性职员的工作条件，引入了弹性工作制。然而，三星的女性董事所占的比例依旧低得可怜。而通过升职而非从外部挖过来从而成为董事的例子更是少之又少。李健熙的理想状态与三星的现实差距最大的部分之一，就是女性人力资源政策。

在一个采访中，李健熙很直接地表达了自己的女性观：“女性与男性具有相同的义务，也拥有相同的权利，这就是我的女性观。我们要最大化地活用女性人力，如果仔细寻找的话，会发现女性在很多领域都非常优秀。”

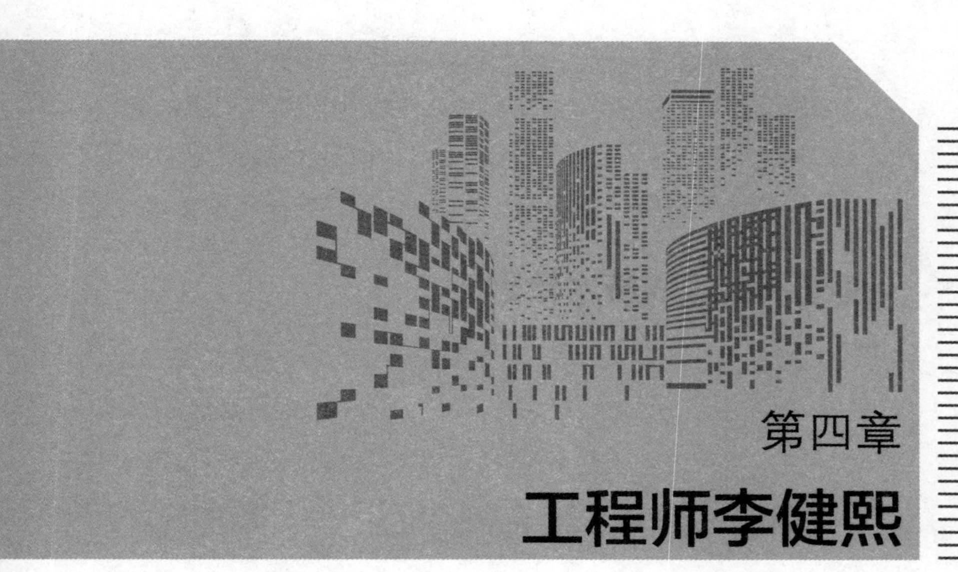

第四章 工程师李健熙

基于人才，未来时代的企业核心竞争，将围绕两个层面展开，即“技术＋文化”，二者缺一不可。三星之所以能够后来居上，超越了众多传统意义上的老牌科技企业（包括用了不到40年就追赶上了日本），且形成自身的核心技术优势，长期居于科技前沿，完全是源于抱有的对“技术创新”的不懈努力和执念。

通过人事实践技术管理

2010年，在韩国国内使用电量最多的，也就是说缴纳的电费最多的人的名单被公开，并成为人们议论的话题。而这个名单上的第一、第二名就是李健熙、李在镕父子。

这个事实一经报道，各种传闻便开始漫天乱飞。从这对父子家中有个巨大的实验室，到他们家地下有个机器人，都是些没有根据的传闻。然而，李氏父子至今也没有公开是什么产品消耗了这么巨大数额的电费。不过，通过李健熙过去的发言，可以确信他一直在进行着什么实验。

李健熙在成为董事长之后，也一直在继续着这样的实验。如果看到向舆论公开的2006年他所要求的事项就可以清楚地了解。他要求道："我熬夜用日本天龙和索尼的DVD播放机看了电影。天龙的机器没有问题，而索尼的则会发热，并出现错误。把这些差异分析一下，然后写一份报告提交给我。"

这个指示非常具有象征性意义，因为从这个指示中，可以窥探到他的灵感与直觉的源泉。“电影狂，同时也是电子产品发烧友的工程师李健熙”——李健熙所具有的工程师的特性转化为对于技术的重视与执著，也就变得理所当然。

历史也告诉了他技术的重要性。他说：“英国的工业革命使世界发生了翻天覆地的变化。在这个过程中，真空管的问世使文明发生了变化，半导体的出现也是如此，电脑的发明更是催生了巨大的变化。未来世界也会永无止境地变化。”

技术的变化会引发文明的改变以及霸权的转移，李健熙通过历史得到了这个教训。李健熙这种重视技术的特点在他选择最高管理者的时候也有所体现。尹钟龙、黄昌圭、陈大济、崔志成、权五铉、尹富根等人是在21世纪前十年引领着三星电子发展的主要管理者，除了崔志成，其余的人全都是工程师出身。而崔志成在各种电子产品的活动现场与各路记者见面时所展现出的技术方面的知识，也是足以让工程师们汗颜。企业主们提出自己的政策方向，并将其付诸实践的最好的方法，就是通过人事管理。是否选择在市场营销、企划、工程等领域具有经验的管理者，是能够看出一家企业方向性的最佳指标。

李健熙通过人事实践了技术管理。CEO们没有辜负他们工程师的身份，将力量投入到未来技术的开发之中。而工程师出身的董事们则梦想着成为CEO，不遗余力地确保着技术的优先地位，并为之努力奋斗。

对于让工程师们担任CEO的理由，李健熙说明道：“如果管理者不懂技术，那就没有办法很好地进行经营支援管理，最终也就只能去抄袭别人的东西。”这里也体现了李健熙本质主义的思考方式。他通过无数的分解过程，掌握了电子产品是细小的零部件与精密技术的结合。只有彻底理解了这些，才会知道以什么为重点进行开发，也才会知道应该以什么作为市场营销的焦点。理解产品的零部件以及看不见的技术能力的管理者就是技术管理的典范。

受到这种洗礼的三星管理者们最为重要的任务就是确保技术。而确保技术的第一个方法，就是谁都会想到的研究与开发（*R&D*）。三星对于研究与开发（*R&D*）的姿态包含在李健熙的话语中：“因为粮食不足就把第二年用于播种的种子吃掉，这是不可行的。研究开发经费就相当于是保险费用。”他还要求道：“产生亏损的时候反而要增加研究与开发（*R&D*）的费用。”实际上，在进入了21世纪以后，三星电子没有一次缩减在研究与开发（*R&D*）方面的费用。外汇危机之后的1998年，在大规模的结构调整过程中，李健熙还推动公司对研究开发进行资金投入，他说：“我们要大力推动技术开发以及技术引进。如果技术开发做不好，那么我们在两到三年之内肯定会遇到难关。”

对于研究与开发（*R&D*），李健熙的哲学不只停留在单纯的为技术开发进行的研究上。他说：“在技术公司里，修改职员们的错误认识、建立正确意识并进行分析，这都属于研究与开发（*R&D*）的范围内。”也就是说，研究与开发（*R&D*）中包含了对认识的改造。李健熙认为，只有把研究与开发（*R&D*）的概念扩大到技术以及拥有这项技术的人，那么研究与开发（*R&D*）

的顺利进行才具有可能。

研究与开发（*R&D*）概念的扩大也适用于各种行业。李健熙要求，要把研究与开发（*R&D*）的概念引入到金融业之中。并接着说道：“在金融业里虽然没有研究与开发（*R&D*）这个概念，但是却有‘创造性再学习战略’这一词组。”

用创造性再学习战略应对苹果的冲击

2009年秋天，三星沉浸在节日一般的气氛当中。那是因为三星冲破了金融危机的阻拦，实现了有史以来最高的业绩。而且，当时正值三星创立40周年，节日的氛围也就更浓厚了。三星向职员们发放奖金，还全额恢复了金融危机时期减少的费用支出。为了活跃公司组织文化，还举行了各种各样的活动。

但是，以10月29日为转折点，三星的氛围发生了反转——那是因为苹果公司的苹果手机登陆到了韩国市场上。最初，三星曾经尝试着无视苹果手机。苹果公司没有组织性的售后服务系统、系统使用的不方便、昂贵的价格，这些都使得三星认为韩国的消费者不会喜欢苹果手机。

但是，现实却非如此。已经习惯使用iPod的国内消费者开始购买苹果手机。第一天，苹果就卖掉数万台手机。三星开始变得紧张起来。三星在当时并没有能够与苹果手机抗衡的产品，只有一款叫作 Omnia 的名字有些奇怪的智能手机。当然，仅通过这款手机也是远远不够的。

苹果手机开始逐渐控制了韩国智能手机市场。仅仅在三个月内，苹果手机就卖到 50 万台。相反，由于 Omnia 手机的软件缺陷，三星只是量产了“反三星”的消费者。

李健熙接到了关于这个情况的报告。在苹果手机的销售逐步走向顶峰的 2010 年 3 月，有传闻说李健熙出现在了瑞草洞的三星大楼里。据说，他访问的地方是手机开发者们聚集的地方。他的指示一如既往地简单明了：“先努力追着。”通过在这之前三星一直做得最好的创造性再学习，李健熙判断，三星首先应该努力追赶苹果。

职员们把李健熙的指示理解为“不管是效仿苹果手机还是怎么的，首先先制造出类似的产品来”。预警信号已经亮起。三星的智能手机开发也开始逐渐加快了速度。还有传闻说开发者的身边都会放着一台被拆卸开的苹果手机。

三个月之后，三星的智能手机“Galaxy”手机问世。最初，Galaxy 手机的品质根本无法和苹果手机进行比较，这是因为，软件方面的差异并非一朝一夕就能改变的。但是，三星至少在寻找对抗苹果手机的产品方面取得了成果。Galaxy 手机就是为了防止市场被苹果手机进一步占领而生产的守备型产品。

三星真正的长处在 Galaxy2 中体现了出来。三星在开发 Galaxy 的同时，也进行了 Galaxy2 的开发。三星实施的是先用 Galaxy 阻挡苹果手机扫荡市场，然后通过 Galaxy2 与苹果手机真正地决一胜负的同时开发战略。

这种同时开发战略是作为后来者三星所固有的战略。在没有优势产品、对成功并不确信的情况下，同时开发多种多样的产品，用先问世的产品进行市场的防御，等完善的产品问世之后，再通过具有攻击性的市场营销提高市场占有率——这就是三星的方式。这是一种弥补时间上的差距的战略。

Galaxy 手机一经问世，各种针对三星效仿战略的批判的声音便接踵而至，而苹果公司也以三星公司作为对象进行了专利诉讼。

但是，重要的是结果。在世界智能手机市场上，能够生存下来的苹果手机唯一的竞争者不是摩托罗拉，也不是诺基亚，而是三星。

创造性再学习战略，也就是模仿战略，是伟大的企业家们共同选择的方式。杰克·韦尔奇曾说过："有一个明显的课题，就是找出谁拥有更好的创意，要向他学习，并尽快将其付诸实践。"亨利·福特模仿芝加哥的屠宰场以及邮政公司西尔斯的邮件分类系统，开启了大规模生产的时代；霍华德·舒尔茨借鉴了意大利咖啡厅的模式，创造了新的咖啡文化。

只要一有机会，李健熙就会强调创造性再学习战略，他说："创造性再学习是每天、每周、每月、每年都要进行的，在其他的行业也要进行创造性再学习。"因为，创造性再学习能够为追赶者提供最为有利的武器，也会为站在前方的人提供新的想法。另外，他还说"因为自己是第一名就不进行创造性再学习，这是最为危险的行为”，并以此督促管理者们保持清醒。

在三星通过 Galaxy 获得的成功中，还包含着另外一个重要的信息，那就是李健熙在困难的时候会选择自己最为擅长的方法。

在困难的情况下，人们总是会寻找一些新的解决方法。但是，李健熙却把自己最为擅长的方式作为解决方案。这个方案不是宏大的目标、事业和野心，而是实际中三星能最快做好的——也就是创造性再学习。

对于三星的创造性再学习，日本的《钻石杂志》引用了松下一名管理者的话，这样评价道：“三星眨眼间就会复制成功的商品，并以日本企业 10 倍的速度开发产品。”这里面就会有只属于三星的附加价值。三星从其他公司开发的最好的产品出发，在其中加入符合地域需求的性能，从而生产出本土化的产品模型。

《钻石杂志》把这种方式定义为“从模仿开始的逆流设计”。日本一名大型零部件企业的领导说道：“如果去三星的设计部门或者研究所，就会看到松下、索尼等日本企业的产品或者螺丝、钉子，甚至每一个角铁都被拆卸开，而技术人员对每一个产品或者零部件的特征、缺陷、长处等都理解得十分透彻，就像理解自己公司的产品一样。”

创造性再学习并不是随随便便地模仿，而是在经过无法想象的彻底的分解过程之后，对此进行创意组合的过程。模仿、创造性再学习在三星快速追击者的战略成功的过程中起到了决定性的作用。

李健熙不只进行了创造性再学习，他还提出了能够确保新技术的三个方式：“技术确保中最为重要的是合作，第二重要的是联合，最后是人力的物色。”

这是他通过自身经验所得到的结论。在三星的合作公司中，有一家名叫三星康宁精密玻璃的公司，这家公司就提供了数十年间两家公司实现双赢的典范。这是因为，三星从康宁公司得到技术的传授，而康宁通过三星确保了有需求的地方的生产基地。这也是三星康宁的营业利润率达到将近50%的原因。另外，三星的电子产业本身就是从与日本三洋公司的合作开始的。二者的合作在公司层面上是公开的，李健熙认为，这是能够交流技术的最为有效的手段。

联合虽然比合作的程度要低一些，但是，通过公开的渠道可以得到技术以及专利等的转让。三星在半导体产业方面就成功实现了多次的专利联合。李健熙使这种方式实现一般化，从而把联合作为第二重要的技术确保战略。

李健熙之所以把人力物色放在最后一位，是因为他知道在把人力带来的过程中，由于对手公司的诽谤，可能产生相应的问题。另外，以日本顾问为代表，三星引进的一些人才并没有在公司停留太久就离开了三星，这种情况也对李健熙有所影响。

通过质量管理经营培养品牌力量

在确保了技术之后，就到了制造商品的程序了。三星拥有世界上最好的制造技术能力，这也是三星的骄傲。在制造产品方面，三星不输给任何一家公司。一直有传闻说三星要进军仿制药（generic）产业就是因为这个原因。在医药品方面，把各种成分精密地混合在一起进行生产是工程师竞争力的核心。半导体是世界上最需要细致精密的工程的产品，而如果说在地球上制造半导体最为专业、质量最好的公司是三星，那么制药对三星来说就是小菜一碟了。

在使三星具备这种制造业竞争力方面起到最重要作用的，当属李健熙的“质量管理”。在他看来，重视“质”而非“量”的话，“量”自然而然地就会得到保证。为了对此进行说明，李健熙拿自己的亲身经历举了例子，他说：“把自己重视而又珍惜的录像带放到磁带录像机里播放，如果录像带缠带子了，那我会满胸怒气。我经历过好几次这种事。”

李健熙所说的是在DVD问世之前的1993年。在当时，能够播放录像带的机器磁带录像机（*VTR*）是用来在家中看电影的最为普遍的方式。但是，放在磁带录像机中的录像带有时候会停止转动，胶片突然跑出来，或者发生胶片直接缠在一起的情况，这种时候就会说“缠带子了”。

李健熙接着讲述他的经历，他说：“在看有趣的电影的时候，如果电视机保险丝突然断了，那我就会骂那个公司，而且绝对不会忘记这件事。”

李健熙认为，100名有过这种经历的人，其中50名都再也不会购买那家公司的产品。不仅如此，李健熙还补充道：“如果这50个人去各处把这个事实传开，那这个公司的顾客基础就会坍塌。”通过自己的经历，李健熙知道，不好的评价传播的速度是相当之快的。作为消费者的李健熙，他的指示必然会转化为品质的改善，三星也成了磁带录像机市场的第一名。

李健熙是一名挑剔的消费者，同时也是一名改革家。关于他的这种事例在手机生产中也有体现。直到20世纪90年代中期，“发送”键一直位于手机的靠上的位置。李健熙在使用时觉得这样很不方便，于是下达指示，让公司在生产手机时把“发送”键放到下面，从而用一只手就可以按到。如今，把“发送”键放到手机下面的位置已经成了世界标准。

让我们再次回到质量方面。对于消费者们所体会到的质量不合格，李健熙认为“这就是癌症”。也就是说，质量不合格就相当于扩散的癌细胞，而癌症是没有任何方法可以治疗的。

李健熙还说明了质量不合格在经济方面会给一个公司带来多大的打击。他说："3 万人进行生产工作，6000 人负责到处去修理产品——这就是三星电子。这种没有效率又浪费严重的集团，世界上除了我们就没有第二家了。" 1993 年，当时三星电子的职员共有 3 万名，而售后服务的职员就达到了职员总数的 20%。别人都说三星的售后服务很好，但是李健熙却始终认为这样很划不来。他接着说道："因为产品质量不合格所带来的损失毋庸多言，我们还要 2 年、3 年、4 年间一直进行维修。每次维修产品的时候，购买产品的顾客都会狠狠地骂三星。"

做企业的人要留得住利润。然而，雇佣进行维修的数千名人员所花费的费用、几年内维护零部件的费用、由于顾客的不满而产生的看不见的损失，等等，李健熙对这些进行了一一计算，他的结论就是"就算不进行生产也比生产质量不合格的产品更好"。

于是，他下命令停止生产线运作。一旦产生了质量不合格的产品，直到找到不合格的原因，否则生产线都不能开始运作。针对这么做可能产生的损失，李健熙说："就算动用我的私人财产也要把问题解决。"他认为，可能短期内会有所损失，但是如果想想一两年后的未来，这反而会变成利益。李健熙是一个对数字非常敏感的人。在很多采访中，他难以置信地举出了一些很细节的数字。很明显，李健熙把按照当时普通的水准制造产品可以得到的利润，与制造具有完美品质的产品在几年间可以得到的利润进行了模拟比较。

到了 2007 年，李健熙的质量管理论发展为售后服务中心的废弃论。他主张说："在 21 世纪，不应该让售后服务中心继续存在。让现在的服务中心消失，取而代之的是其他概念的服务，这才是 21 世纪的管理。"根据李健熙的判断，不存在质量不合格产品的话，服务中心就会不复存在，而通过这些人力及经费就可以为顾客们提供更好的用户体验。

当然，李健熙的这种主张还没有成为现实。但是，显而易见的事实是，如果向顾客询问购买三星产品的原因，那么顾客们会有两种答复。第一种是"因为好像不会出问题"，第二种是"就算是产品出了问题，也能够得到完善的售后服务"。李健熙的质量管理虽然不能按他预想的使售后服务中心消失，但是却起到了打造三星品牌力量的作用。

李健熙下达了关于售后服务的指令。2002 年 5 月的时候，他说道："现在，我们要进入到消费者的内心，并为每一名消费者着想，因为大部分的消费者都在使用网络。"在他看来，每一个消费者都可能给企业带来巨大的打击，为了防范这个风险，李健熙在 13 年前就下达了指示。而其他企业直到不久前，才开始把个人消费者看作重要的风险原因。

关于售后服务，他还有过其他的言论，那就是指出关于良心的问题。"如果产品出了问题，我们当然要去维修，如果非但不给顾客退换产品，还要求顾客重新购买的话，那这和强盗行为没什么两样。"

谈到顾客满足，李健熙说道："现在正在从产品制造销售的时代向销售服务的时代发展。”他还说：“如果服务得到强化，那么理所当然地顾客就会对我们产生好的印象，这也会与销售产生关系。”也就是说，在自己公司销售的产品出了问题的情况下，如果能提供有诚意的维修服务，那么，顾客未来也还会购买这个公司的产品。李健熙把服务也定义为销售活动的一环。周围也经常能听到有人被三星的售后服务感动，从而又买了三星产品的事情。可以说，通过售后服务，也可以看出李健熙“一石五鸟”的思考方式。

沟通使人心动

李健熙在日本学习的是传媒专业。他曾经在报社担任过理事，也曾经参与过 TBC 电视台的管理。李秉喆在初期也是打算把媒体相关的部门交给李健熙，而非企业。后来，李健熙虽然走上了企业家的道路，但是，在传媒方面的经验却成了他宝贵的财产。因为，李健熙之所以能够成功的一个重要原因就是沟通。就算是想进行“帝王式”的管理，也要正确地传达自己的想法，并在组织中使之扩散，那才有可能实现。在这种层面上，李健熙可以说是一个卓越的沟通者。我们来看几个相关事例。

1993 年的时候，李健熙把管理者们叫到了美国的洛杉矶，然后让他们去购物，而他留在了酒店里。进行完观光和购物的管理者们一回到酒店，李健熙就把他们带到了餐厅里。在那里，摆放着李健熙亲自拆开的三星产品和日本产品。经理们的心中充满了讶异。

三星产品的零部件有300个，而日本产品的零部件有200个。产品的零部件越多，也就越容易出现故障。比起售后服务，由于还要保管零部件，这样还会产生高额的物流费。李健熙问这些管理者："如果使用这么多零部件，那还怎么可能具备竞争力?"他这么做，不是想要用语言，而是想要用视觉上的效果让管理者们看到现实。对于把管理者们召集到洛杉矶的原因，他解释道："这是一个让大家看清三星实际面貌的会议。"管理者们还看到了另外的一些实际状况。当时，三星的产品是"1+1"的产品，也就是说，如果买一个索尼的产品，就会免费送一个三星的产品。李健熙想要让管理者们亲眼看到这个现实。

1995年的"手机火刑仪式"也是一个类似的活动。那时候，三星手机的问题非常之多。在太阳快要落下的时候，李健熙把职员们全都召集到运动场上，然后把价值数十亿韩元的问题产品一把火烧掉。看到自己制造的产品在大火中化为灰烬，有的职员甚至还流下了眼泪。我们无法想象当时他们的内心都在想些什么。但是，有一点事实非常明显，在那之后，三星手机的质量就开始逐渐提高。李健熙按照自己的意图，实现了职员们思想上的转变。

同时，通过这次活动还得到了两个实践管理哲学的成果，那就是"打动人心是位居所有事情之前的，也是管理革新的出发点"以及"通过实践而非言语去行动"。在大火中烧掉的手机，实际上是对未来的投资。

能够展示李健熙沟通方式的另一个活动，就是先进产品比较展示会。三星每年都会在水原的营业场所举办一次展示先进公司产品的活动。这个活动的主旨，是想让全体职工看到先进的产品，把这些产品与三星的产品进行比较，并在那之后发现三星产品需要改善的地方。这是在20世纪90年代初，按照李健熙的指示开始并保留下来的传统。通过这个活动，可以使视觉上的沟通效果被极度放大，从而使职员们能够一眼就看出三星的不足之处。

我们来对上面的内容进行一下整理，李健熙在洛杉矶把产品拆卸开给经理们看，从而使他们认清了三星的水平。之后，他又通过“手机火刑仪式”使得三星人觉醒。另外，他还通过先进产品比较展示会让职员们明白三星应该努力的方向。李健熙式的沟通告诉他们，他们努力的方向就是成为高质量产品的圣地。

美国著名的舆论调查专家、顾问弗兰克·朗切对“CEO”进行了这样的定义——“CEO是信息的传达者，同时也是企业销售的产品或者服务的活着的、能够呼吸的化身”。从这个角度看，可以说李健熙是一个非常优秀的沟通者。

李健熙会在每个重要的时期找到合适的词汇来表现案例的本质，并进行有效的传达。而他所使用的具有刺激性的表达方式，也是为了提高信息的传达能力。

弗兰克·朗切提出了高质量的信息应该具备的十个条件，以此为标准，我们来分析一下李健熙的沟通方式。

弗兰克·朗切所提出的第一个条件是单纯性。简单的表达才能更好地向人们传达信息。“放弃数量，以质量为中心。”这是李健熙在品质管理方面说过的话。他用一句话明了地说明了公司应该朝向的目标以及职员们应该具备的态度。

下一个是简洁性，也就是说用一句话直达意思中心。“改变除了老婆孩子之外的一切”就是具有鲜明的李健熙标志的句子。

朗切还说，可信赖性也非常重要。朗切说：“你的话就是你本身。按照自己的意思说话，然后按照说的话行动。”李健熙曾亲口说过：“誓死也要遵守约定。”他还说过，只要相信他并跟随他走，那么他们就可以打造一流的企业。然后，他遵守了自己的承诺。全世界都能侧耳倾听李健熙的话，是因为他的这些成就。

在高效的沟通方面，新鲜性也是不可或缺的。说的话也要新鲜才会有人买。关于新鲜性，朗切说道：“为旧的概念赋予新的定义，就会产生高效的语言。”李健熙让语言活了起来。他把“事业”、“概念”这两个普通的单词结合在一起，创造了成为三星战略的“事业的概念”这一新的表达方式。“复合化”、“立体的思考”等也是他为旧的概念赋予新的定义的例子。

朗切还强调了反复的作用。“质量”、“变化”、“改革”、“超一流”、“设计”、“软实力”——这些单词李健熙强调了一遍又一遍。在新经营宣言时期，他甚至曾经把同样的话反复说了大约有1500次。他还说道：“把我说的话至少听50遍，应该才能够完全理解其中的意思。只有达到背下来的程度，才能够去实践。”可以看出，李健熙很早就领悟了反复的效果。

下一项是引导人们的反应。一个人吆喝不是沟通，而应提出问题，引导人们去寻找答案。在回答问题的瞬间，那个问题就不是提问者的问题，而成了回答者个人的问题。因此，可以说在沟通当中，个人化的形态是最高级的形态。

对于李健熙的管理方式，三星内部把它称为“话题管理”。也就是说，李健熙提出话题，管理者们对这个话题进行回答。比如说，李健熙提出“天才管理”这个话题，管理者们就要去寻找招募天才的方法，去海外寻找人才。当他提出“创造管理”这个话题的时候，为了创造创造性的企业文化，管理者们就要想出各种各样的点子。

还有一点，李健熙是以认真读报纸而出名的。据说，曾有员工因为没有剪下一条报道而被李健熙严厉斥责。拥有李健熙这样的思考方式的人，通过数十年阅读报纸，可以凭感觉了解到什么样的单词能够最深入人心。

管理是一门综合性艺术

在李健熙的“企业破冰33法”中，“艺术”这个单词共出现了两次。第一次出现在管理者的资质部分。关于这一部分，他说道：“管理是一门通过人与技术成就事业的综合艺术。而管理者则要成为综合艺术家。”

这句话的意思是，对于公司所具有的人才、资金、技术、知识等有形及无形的资源，管理者们要具备把这些资源组合成最为协调的状态的能力。通过这句话可以知道，对于李健熙来说，艺术就是具备事物、资源、人等最好的状态。

李健熙第二次提到“艺术”，是把艺术放在了采购中，也就是“采购的艺术化”。

普通人很可能会从“采购”这个单词中感觉出“毫无人情味”的色彩。因为，在企业里，“采购”就意味着以最低廉的价格购买拥有最好品质的零部件。在负责交货的外加工企业的立场上来看，大企业的采购负责人是重中之重的角色。经济一旦变得不景气，大企业们最先做的就是去减少支付给外加工企业的采购款，而外加工企业要忍受着切肤之痛进行交货。因为只有这样，他们才能维持与大企业的合作。这是韩国社会中采购、外加工企业、分包商的一般现状。

李健熙把“采购”这个冷酷的单词与“艺术”结合起来。在这里，可以看出李健熙理想主义的思考方式。在一个以中小企业管理者为对象的讲座中，他说：“大企业和外加工企业的关系和夫妇关系是类似的。因此，在这两者的关系上要实现采购的艺术化。”

李健熙比谁都更清楚零部件以及供给零部件的外加工企业的重要性。这是因为，直到21世纪前十年的中期，三星电子销售额的相当大的部分还是依存于半导体以及液晶显示器等零部件部门的。三星曾经也要向苹果公司等生产商交付半导体、液晶显示器，三星本质上也曾经是外加工企业。就像三星与苹果公司等建立这种关系一样，对李健熙来说，好的外加工企业在制造高品质产品方面起到了决定性作用，是重要的合作伙伴。

通过采购的艺术化，李健熙想要传达的信息就是“超越单纯的转包、交付零部件的水平”。在完全形成合作伙伴关系，而非单纯的“甲方乙方”关系的时候，本公司和分包商就可以实现共同的发展——李健熙的话语中就包含着这样的哲学。

他还说道：“如果让我选择是推迟支付经理以上级别的工资，还是尽早交付采购货款的话，我会选择推迟支付工资。”他这么说，是为了向经理们强调为外加工企业考虑的必要性。

李健熙重视外加工企业的另外一个原因与事业的本质有关。在他看来，“电器电子产业的基础就是零部件业”。也就是说，电器电子企业的成败，最终取决于使用的是什么样的零部件。可以说，采购的艺术化是以李健熙的表达方式提出的不易到达的目标。

李健熙还提出了采购所需要的几个原则。其中，最重要的是内部管制。李健熙说：“采购部门容易产生腐败，因此要定期进行人事变动，在腐败发生之前替换新的人员。”在企业中，最容易产生腐败的部门就是采购部门。因为，采购部门不是挣钱的部门，而是花钱的部门。李健熙说，要通过具有周期性的人员交替，从源头上截断腐败链。他希望能通过制度来解决人的问题。

第二点，是只接受最好的零部件。在半导体、液晶显示屏之后，李健熙又开始征服电视机、手机等领域的世界市场。在2005年的经理团会议上，李健熙这么说道：“如果想生产好的产品，就要拿到最好的零部件。如果是1.5流、二流的产品，那么哪怕是只有一家公司，我们也不能接受这些产品。”李健熙认为：“如果没有世界最好的零部件企业，那么就不会有世界最好的成品企业。”

李健熙的这种想法在三星电子内部甚至还引起了事业部门之间的矛盾。比如，如果液晶显示屏部门销售的控制板价格比较高，电视机事业部门就不会买液晶显示屏部门的产品，而是从其他公司进货。如果国外的厂家提供的货品价格合适，并且产品品质也好的话，那么直接选择该厂家作为供销商的情况也是实际存在的。虽然同属一家公司，但是，站在液晶显示屏部门的立场上来看，这在情感上还是有些难以接受的。

2010年，在电脑事业部实际上发生过这样的事情。当时，三星电子的液晶电视销售正紧俏，控制板供应量紧缺。液晶显示屏事业部为了生产自己能够高价出售的电视机控制板，没有办法及时供给电脑事业部用于显示器的控制板。电脑事业部立刻把眼光投向了台湾。因为，他们没有必要非得用高价购买三星电子的液晶显示屏。“液晶显示屏事业部门口口声声说着可惜，还要出昂贵的价格，我们认为他们不会为我们带来太多实际的好处。”当时的电脑事业部部长还说道：“我们没什么可惜的。他们不想帮我们，我们也不觉得一定要在公司内部进行采购。”

三星同时拥有成品及零部件两个事业部门，而这两个部门又被分成了多个事业部门，每个事业部门之间都在进行激烈的竞争。为了不在三星电子内部形成的大规模的市场中被淘汰，各个部门都会不断地进行革新，而这种经济制度就担任了催促革新的系统性角色。

李健熙所强调的另外一个原则就是独占。他说：“针对外加工企业中与多家其他公司有着贸易关系的企业，我们要进行快速的整理。就算需要一些费用，我们也需要选择只与我们集团合作的外加工企业。”他这么做，是为了防止技术和情报流出。然而，这部分内容在后来也引起了三星与外加工企业之间关系的极大争议。

李健熙还说，要对外加工企业进行投资。他指示道，就算要遭受一定的损失，也要培养外加工企业。实际上，在三星的外加工企业中，有不少公司拥有世界级水平的技术。在发展的过程中，他们也从三星得到了资金以及技术的支援。

最后一条，是不要太过逼迫外加工企业。“过度逼迫外加工企业，这样只会导致产品不合格率提高，使我的产品因此低于标准。这种事逼迫得越紧，就好像越用力掐住自己的脖子。我们要了解事情的本质到底是什么。”

按照李健熙的话来说，实际上本公司和分包公司的关系在某些层面上就类似于夫妇关系。为了较好地维持夫妇关系，要对对方进行较好的约束，只与这一个人在一起，只为了对方去花钱、花心思——在这个层面上确实如此。另外，只有一方进行单方面的牺牲，想维持这段关系也是不可能的，在这一点上，两种关系也有相似之处。

实际上，在 2007 年 1 月，李健熙还曾说过：“外加工企业与我们实际上是一个共同体，他们是我们竞争力的基础，我们要致力于发展与外加工企业的共同体关系。”

很明显，李健熙懂得共生的哲学。但是，就像他所说的，企业是由人组成的，因此，管理哲学不会总是按照想象的成为现实。

共生合作的方针与李健熙的另外一个管理哲学——效率发生了冲撞。两者中到底应该选择哪一个，这要根据情况来定。舆论都认为，与共生相比，三星更追求效率。虽然也有获得成功的外加工企业，但是也有些企业曾经因为三星突然要求停止供货或者降低交货价格而陷入危机。

虽然不是这么极端的例子，但是，通过一个外加工企业的事例，笔者也有机会体会到三星是一个多么彻头彻尾追求效率的企业。

2010 年夏天，为了对三星的一个外加工企业经理进行采访，笔者在汽车导航中输入该公司的名字，然后开始开车。一到达首尔近郊一个幽静的地方，汽车导航就提示说已经到达目的地。但是，笔者并没有看到任何指示牌。如果在高速公路上或者过道上行驶，可以看到很多公司挂着的牌子。这家公司虽然有着不小的规模，但是却没有明显的指示牌。就这么转了好几圈，笔者才看到用很小的字体刻在一边的该公司的名称，然后找到了正门。笔者向公司经理询问不挂牌子的理由。他回答道："如果挂一个很大的牌子，那么，三星就会以为我们公司生意很好，然后降低交货价格，我们是担心这个才没有挂牌子。"从他的回答中，可以感受到三星给予企业的无形的压迫。

2010 年，李健熙董事长在一次会议上说道："我承认，在这之前，我们都是在一直往前走，却没有回过头去看看。"共同成长成为社会热议的话题，而李健熙的这席话则是对之前没能很好地照顾到外加工企业表示歉意。

第五章 掌握未来的胜负

未来是否为你（为你的企业）而来？这是从员工到管理者都需要考虑的至关重要的问题？显然，“居安思危”是一个企业家管理企业应具备的潜意识、强意识。有了这种意识，一切着眼点都放在未来，以未来的视角审视今天的自己，以未来的视界推动明天的发展和对自我的突破。从而，实现未雨绸缪，在危机到来之前，先人一步。

占领过去、现在、未来的多管齐下战略

托马斯·库恩（*Thomas Kuhn*）把科学革命结构的范式转换称为“弯曲的路”。科学革命并不会一下子就破坏性地产生，而是会像走在弯曲的路上，慢慢看到前方的事物一样，先向你展示些什么，然后循序渐进地发生。拐过这个弯，能够引起革命的范式就会支配全世界。

库恩的范式在企业管理领域也成了重要的因素。主导着范式转换的企业、为了范式转换而提前为未来做准备的企业就能够生存并实现繁荣。相反，则会没落。胶卷相机市场的支配者柯达、开启手机时代的摩托罗拉、网络的开拓者雅虎、模拟电视机市场的帝王索尼——这些企业的没落告诉我们，为未来做准备对企业意味着什么。

库恩的弯曲的路还指出了为未来进行准备的方法——昨天包含着今天的面貌，而今天又是明天的昨天，因此，通过今天，就

可以看到明天。准确地去预测未来，这是不可能实现的。但是，我们可以通过今天去大致地思考未来。这也被称为洞察力。

对于1993年时的李健熙来说，过去、现在、未来都是他的课题。过去，是紧紧跟上一马当先的美国、日本企业；现在，是以此为基础，在与先进企业激烈的竞争中生存下来；未来，则是准备可以超越这些企业的武器。

李健熙通过质量管理追赶上了他们，通过以数字化为基础的速度管理与他们竞争，并打造了通过新兴产业超越他们的战略。这不是顺次的解决方案，而是整体的解决方案。

因此，李健熙的头脑十分复杂。他不得不中毒般地沉溺于思考，也是由于这些课题的复杂性。立体的思考、一石五鸟论也是李健熙所面对的现实的产物。

长期作为三星集团结构调整本部部长的李鹤洙为李健熙提供了辅佐，他在一次媒体的采访中曾经这么说过："如果李秉喆董事长召集开会，参谋们大概都能猜得出开会的理由。但是，如果李健熙董事长找我们，我们怎么也猜不到其中的理由，然后就去见他。"

李健熙的头脑中同时存在着过去、现在和未来，因此，人们不可能预测他会提出什么课题。人们经常说李健熙的想法非常奇特也是同样的原因。这是因为，通过普通的思考方式是不可能一次性地解决很多课题的。

像这样在对未来的投资中取得成功的案例就是三星SDI的电池产业。三星SDI就是曾经的三星电管。20世纪90年代，三星电管的主营产业是生产电视显像管。显像管是过去的产业。美国、日本、欧洲的电视制造业在市场上遥遥领先，三星电管的首要任务就是追赶它们。与此同时，三星还要开发开始在世界范围内得到商品性认证的液晶控制板。这属于与先进企业同时开始研究开发的当下的竞争。由于李健熙的指示，三星电管比这些还要多走一步。

“我们要把重点放在电池产业上，然后深入地进行发展。电池在高尔夫球车、电动踏板车、轮椅等方面的用途是无穷无尽的。”

在1993年，电动汽车是人们做梦都不敢想象的。用于手机的小型电池和用于笔记本电脑的电池是人们认识的全部。三星根据李健熙董事长的指示，开始了电池的研究开发。负责未来技术的三星综合技术院以及三星电管成为三星事业的中心。

在17年后的2010年，三星SDI登上了世界电池市场第一名的宝座。另外，在作为未来市场的电动汽车电池市场上，三星也具备了与全球强者们进行激烈竞争的实力。三星集团还在2010年把用于电动汽车的电池产业选定为未来产业。

三星的战略值得被称为“占领过去、现在、未来的多管齐下战略”。李健熙通过这种方式选择了决定未来胜负的途径。20世纪90年代中期，发展迅猛的设计及软件就属于此。这也证明了李健熙的预测是正确的。

设计就是竞争力

我们先从设计说起。《三星王国——李健熙时代》这本书的作者——全南大学的康俊晚教授曾说过："韩国设计历史上的第一功臣是李健熙，这是不容置疑的。"这也说明了李健熙从很久之前就开始着力于设计。如今三星产品的设计能够达到世界级的水准也是由于李健熙的哲学，这是很明显的事实。

2010 年，日本最大规模的国际设计征集作品展——"2010 新设计师时装大奖赛"的颁奖典礼拉开帷幕。在颁奖典礼上，日本一位著名的设计师说道："在设计领域也感受到了韩国的力量。这让我觉得日本也不能输给他们。"在颁奖典礼上获奖的 30 人中，共有 7 名外国人，其中有 3 名是韩国人，这也让他产生了警觉之心。他还说："入围作品中，被选为优秀作品的韩国学生作品增加了很多，从这之中可以看出韩国对于时尚产业的热情。"除此之外，还有一件事非常引人注意，那就是获奖的 3 名韩国人中，有两人是SADI（三星设计学校）的毕业生以及在读学生。

三星设计学校是在1995年成立的。这所学校根据李健熙的指示建立，即“设计是左右未来产业竞争力的重要因素，我们要成立一所不被学历所左右的、可以培养创意性人才的教育机构”。三星设计学校包含着李健熙的两个理想。

第一个，是没有学历的社会的理想。他从一开始就对学历很抗拒。毕业于延世大学的前大宇集团董事长金宇中对毕业于首尔大学的员工是绝对优待的，而李健熙则与之完全不同。有一天，李健熙得知在设计组织中，学历成了至关重要的角色，这让他勃然大怒。他指责道：“设计组织太过坚持排他主义。由于组织内只重视特定大学毕业的员工，其他学校毕业的人都没有了立足之地。如果太过执著于学历，那还谈什么创意性。”

不知道是不是因为这个原因，就算从三星设计学校毕业也不会拿到学位。这所学校虽然是三年制的学校，但是没有得到正式学历的认定。就像字面上的意思，这只是一个教育机构。尽管如此，这里还是汇集了很多人才。优秀的讲师队伍、以实际业务为中心的课程等，这些都是三星设计学校具有竞争力的地方。因此，越来越多的地方开始需要三星设计学校的毕业生。然而，三星设计学校却无法向他们输送毕业生。因为毕业生很早就在其他公司工作或者去深造了。进入三星设计学校学习的学生也是各种各样的，有大学毕业生、在大企业工作过的人、医生等。

在成立三星设计学校的过程中，有一天，负责该事务的董事小心地向李健熙问道："董事长，我们建立了学校以后，如果在这里学习的学生去了与我们竞争的公司，那样会不会产生什么问题呢？"李健熙回答说："这是对我们国家有利的事情，所以没关系。"然而，董事的苦恼没有因此而减少。在他看来，他理解这些人才不是为了三星、而是为了国家所培养的主旨，但是实际上，三星的设计人才也是短缺的。因此，他继续问道："董事长，如果毕业生去其他国家的企业就业了，这不是我们的损失吗？"李健熙又回答说："这是对人类有利的事情，所以没关系。"董事再也没法继续问下去。"要成为为了全人类的企业"——李健熙的这个理想就留存在三星设计学校之中。

实际上，李健熙在1993年曾经说过这么一段话："当然，'为了人类'这个目标对现在的我们来说可能过于宏大，但是，我们要在未来为之而努力。不管发生什么事也不能做对人类有害的事情。"这就是一名理想主义者现实性的发言。

让我们回到设计这个话题上。引发李健熙式改革的，是日本顾问福田民郎的《福田报告书》，这已是尽人皆知的事实。通过这份报告书，李健熙很形象地了解了三星的问题，并开始了改革的工作。但是，很少有人知道，这份报告书的作者福田民郎是三星的设计顾问。1993年，李健熙就已经让福田民郎在公司担任了设计顾问一职。而福田报告书的题目实际上就是《管理与设计》。考虑到李健熙是一名"设计狂人"的事实，一名设计顾问成为引发改革的关键可以说就也变得理所当然了。这份56页的报告书指出，从产品企划阶段开始，三星就存在令设计难以进行的因素。报告书还指出，在进行产品企划之后，再进行与之相符的设计，这就是问题。

在十多年后，三星成了电视机市场的第一名，在此过程中，三星改变了这一顺序。也就是首先进行产品的设计，然后产品开发团队根据该设计加入需要的零部件，三星开始按照这一新的顺序进行产品的生产。

接下来要讲的，是在2008年年末三星为LED电视机进行准备的时候发生的事情。设计部门把设计图交给了崔志成经理——这是厚度为29.9毫米的电视机的设计图。拿到这张设计图的工程师们面露难色，他们要求重新进行设计，因为要把各种功能放入电视机的话，这个厚度未免也太薄了。接着，各种会议纷至沓来。“设计适当厚度”的妥协也险些实现。

那时候，崔志成经理站了出来。按照三星电子设计部门的经理直接担任CEO的方针，崔志成还兼任了设计部门的经理。他说：“工程师们一定要按照设计部门的企划进行配合。对此就不用再多说什么了。”工程师们减少了零部件，最终制造出符合设计的产品。LED电视机就这样诞生了。这个案例也展现了三星电子变身为设计公司的可能性。

李健熙在2002年就曾经说道：“如果想拿到好的价格，就要进行最高级的设计，然后在此之上加入简单便利的功能。”这就相当于确定了产品开发的顺序。

李健熙预感到，对于人类的思考以及研究结果，设计会成为决定胜负的关键。在3D电视机领域，三星和LG发生过关于画质的争论。如果读者去过 Hi-Mart 等将两个公司产品放在一起同时销售的地方，那么就会知道，如果戴上 3D 电视机专用的眼镜，一般人是感觉不到三星和 LG 产品之间的差异的，因为人在视觉上的感觉 0.5 秒内就会消失。最终人们会选择什么呢？人们选择的，是产品的设计。设计就相当于电子产品的大门。如果画质没办法进行区别，那就根据设计来进行选择。尤其在当今社会，电视机已经担当起了家具的角色。

李健熙非常清楚，在战斗当中，决定性的支点是会经常改变的。在技术与人的变化中找到的战斗的支点之一就是设计。

破坏制度与旧习惯

专家们拥有普通人所不拥有的直觉。管理者们也是如此。在微软公司的全盛期，比尔·盖茨被一名记者问道："在这个瞬间，你最害怕什么？"比尔·盖茨回答道："我害怕有人在仓库里开发什么东西。"这句话仿佛预言一般。在那个时候，谷歌的创始人拉里·佩奇与谢尔盖·布林借了女朋友家的仓库，然后创立了谷歌。十多年后，谷歌成长为微软公司最为强劲的对手。

李健熙也拥有直觉。从 20 世纪 80 年代初开始，李健熙就主张培养软件人才。但是，当时三星的高管们甚至都不了解电脑到底是什么，没有任何人听取李健熙的意见。那时候，三星是由前董事长李秉喆所支配的。在管理团队看来，当时公司生产了电视，在国内市场上与大宇、LG 竞争都忙得不可开交，开发软件简直就是一件奢侈的事情。他们只是假装听了李健熙的意见。见过却没有亲身经历过的话，是不会有什么实际感觉的，考虑到这一点，当时三星管理团队的漠不关心也是可以充分理解的。

1993 年，在推动改革的过程中，李健熙对于此事的愤怒终于爆发：“十年前我让你们去挑选两万名软件人才，结果你们根本都没有研究这个建议。我被你们骗了。”

让我们暂时把时间拉回到 20 世纪 80 年代初。到底在 IT 业界发生了什么，使得李健熙主张要培养软件人才呢？在 20 世纪 80 年代初的美国，IBM 制造的个人电脑迅速扩散。而作为制造用于个人电脑的软件的公司，微软在国际市场上独占鳌头。之后，在 1980 年，苹果公司开发出了苹果电脑，开始与 IBM 进行竞争。

李健熙所看到的是未来，是每个人都会拥有个人电脑、所有的工作都要通过电脑实现的世界。这在现在是理所当然的，然而，在 20 世纪 80 年代的当时却是难以想象的。20 世纪 90 年代，文字处理器替代了打字机，电脑在韩国社会正式开始普及。

李健熙觉察到，在这个领域会出现大的发展，并且他还意识到，相比于硬件，软件将会决定这场战争中的胜败。但是，三星的管理团队由于迫于应对眼前的斗争而无暇顾及软件方面的准备。

1993 年，在被李健熙痛骂之后，三星的管理团队就开始急急忙忙地选拔软件人才。因此，在 1995 年公司的新入职员工中，在三星集团负责电子计算业务的三星 SDS 的新员工人数最多。很明显，这表面上是在执行李健熙的指示，但是，三星选拔了这些人才，却没有达到把他们培养成为专业软件人才的水平。大部分的新员工都被分派到各个关联公司的计算机室工作。李健熙想培养比尔·盖茨这样的人才，并下令选拔人才，但是，三星的管理团队却把大部分的人才变为计算机室的员工。

三星曾经是以制造业为中心的公司，硬件对三星来说十分重要。三星用了更多的时间才意识到软件的重要性。这是没有按照李健熙的指示行动的典型案例。十年后，苹果公司进入了韩国市场。在与苹果手机的差异中，三星切实地感受到软件这堵巨大的高墙。不只是李健熙，整个三星管理团队都是如此。

在 2010 年回归董事长岗位后，李健熙在见到经理们时有几次说过这样的话："当初我说要做的时候你们根本不听……我说了五六遍以后你们才假装听懂，但是也就只是装装样子吧。如果当初那样做了，现在我们得有多轻松。"这是李健熙因为没有确保软件人才而发出的叹息。在李健熙回归董事长职位后，三星进行了大规模的软件人才选拔。当时，通讯业界以及软件业界甚至都抱怨说："如果人才都被三星抢走了，那谁还来我们这儿工作。"虽然说了足足三十年，但是李健熙"建设软件王国"的梦想终于开始实现了。

还有这样的故事。

"请选拔一些电脑人才，尤其是软件方面的人才。"

1991 年的某一天，一通紧急电话打到了三星电子电脑事业部。是正在俄罗斯访问的李董事长突然打来国际电话，要求选拔软件方面的相关人才。如果想活用世界第一的半导体，生产具有更高附加价值的产品，那就需要软件方面的人才，这就是他下达指示的原因。

三星电子的人事部门开始急急忙忙地寻找相关人才。他们最终找到的，是一个名为“全国大学计算机社团联合会”（*UNICOSA*）的由7所大学的学生组成的组织。三星决定通过这个组织聚集全国的软件天才，并为他们提供活动空间。这个项目被称为“三星电子软件成员组”。

为了选拔参与这个项目的学生，三星从1991年5月5日开始进行面试。这些崇尚自由的软件专家们可谓是各具特色。有的学生忘记了面试日期，在睡梦中被叫了过来，还有学生直接穿着运动服、踩着拖鞋就来面试了。

组织完第一期成员组，大约过了有一年的时间，三星再次陷入了困难的境况中。选拔的人才中，有10人虽然想进入三星，但是他们的成绩却成了问题。这些学生虽说是电脑天才，但是他们的学分却少得可怜，他们的英语成绩甚至都不知道能不能被称为“成绩”。他们从一开始就毫不关心学分或者英语这些事。

三星最终选择了打破常规。与学业成绩无关，三星同意给予这些学生们面试的机会。然而，面试的结果再一次让三星陷入了绝望之中。因为，他们的电脑实力与面试结果完全相反。

人事部门叫来比较了解这些学生的职员们，问他们应该怎么处理这个情况。一名职员回答道：“软件业界也是有自己的家谱的。实力强的话就被叫作曾祖父，然后是爷爷、爸爸、儿子、孙子、曾孙。如果按照面试成绩的话，那么就相当于曾祖父会落选，而曾孙则会合格。”

三星电子的人力部门又召开了一个会议，最终决定不按照面试成绩，而按照电脑实力对人才进行选拔。人力部门找到面试官们，一一向他们说明当时的情况，然后“伪造”了面试结果。对于以保守著称的三星电子来说，完全掀翻面试结果，这还是第一个案例。三星对于软件人才的执著，使得他们破坏了制度和旧习惯。这次事件在三星内部被称为“龙八夷”事件。

贩卖哲学与文化

直到 21 世纪前十年初期，在海外市场上，电视机等三星电子的产品还被当作三流的产品。在那个时候，相当一部分的美国人都以为三星是日本的品牌。

当时，如果想在美国销售电子产品，就要在“百思买”（*Best Buy*）等地方进行产品的展示。“百思买”是类似于韩国的 Hi-Mart 的电子产品量贩店。理所当然的，“百思买”肯定会只想展示具有品牌影响力、产品质量高的优秀公司的产品。因为产品销售越多，他们的利润也就越丰厚。“百思买”在零售市场上具有极强的影响力，因此，三星如果想在这个卖场展示自己的产品并非易事。

2000 年初，在美国“百思买”总公司的会议室里，三星电子美国法人代表吴东振（现韩国田径联盟会会长）与“百思买”的董事长迪克·舒尔茨（*Dick Schulze*）坐在了同一个谈判桌前。

这是费了很大工夫才促成的会议。

迪克·舒尔茨董事长表情似乎有些不耐烦，他说："如果想销货的话没必要非得见我啊。"吴经理恳求道："我知道您日理万机，但请您抽出一点时间看看我们的展示。"

就这样，吴经理很艰难地抓住了机会，把提前准备的名为"三星的未来"的展示资料介绍给迪克·舒尔茨董事长。展示的主要内容是"三星的产品在将来会成为热销产品，到2010年，三星的所有产品都会在世界市场上成为第一名"。在迪克·舒尔茨董事长看来，这是非常荒唐的，名不见经传的韩国电子公司竟然要让自己的产品在世界市场上成为第一名……

然而，迪克·舒尔茨董事长感受到了吴经理非同寻常的热情。他问道："三星是半导体公司，但是我们并不需要半导体，这怎么办呢?"吴经理回答说："我们想与董事长您共事。我们一定可以做到第一名的。"他请求"百思买"能够在卖场里展示三星的电视机等其他产品。

迪克·舒尔茨董事长仿佛是为年轻企业家的斗志所感动，而当天的会议也成为"百思买"为三星敞开大门的契机。虽然几乎还没有什么像样的产品，但是，通过"三星的未来、三星的梦想"，三星开辟了进入美国市场的路。在三星电子非公开的记录上，当天的事件被记录为"吴经理贩卖了'超一流企业'的三星哲学，打开了'百思买'的大门"。

在"百思买"之后，三星的下一个目标是美国排名第二位的零售公司——西尔斯百货公司。当时西尔斯百货公司的负责人是一个名叫乔克·贝肯的人。他以太忙为借口，根本不想见三星的人。

当时，三星电子一名姓李的科长在美国三星分公司工作，他绞尽脑汁，最终得出结论：“我们不要向他们求情，说一定要见我们，而是要制造一个不得不和我们见面的情景。”

在掌握了贝肯的出行路线后，李科长一行人提着超过 50 公斤的 32 英寸的电视机前往芝加哥西尔斯百货的总公司。下车后，他们就向着公司正门进发。警卫员把西尔斯的负责人叫了出来。李科长对该负责人说：“在这次的产品品质方面，我们非常有自信。请您看一下。”

看到他们气喘吁吁地抬着电视机的样子，不知道负责人是不是有些心软了，他让他们先拿着产品上了楼。李科长开始进行具体的说明。西尔斯的负责人也显示出对产品的关心，他询问道：“这与到目前为止的其他产品是有些不同。那价格怎么样呢？”李科长的眼睛开始发光，他立马回答道：“我们产品的价格比其他产品要低廉很多，而且，我们的产品品质、售后服务也完全不输给其他公司，在这些方面，我们都很有自信。”

西尔斯的负责人稍作思考，接着，他说道：“那就先展示看看吧。”貌似紧紧关闭、无法打开的西尔斯百货公司的大门就这样打开了。

打通美国流通渠道的力量来自三星的梦想与热情。吴经理带着三星在十年后能够拿到第一名的信心说服了舒尔茨董事长，李科长用对于品质的自信打动了西尔斯负责人的心。他们在进行销售时的重点就是“一定要成为超一流企业的三星的方向，以及没有什么不可能的三星文化”。

笔者用较长的篇幅对这一段故事进行描写，是为了说明李健熙的市场销售论。如果把他的市场销售论简略为一句话，那就是“贩卖哲学与文化”。这个方针说起来简单，但是一旦实践起来，却让人无从下手。我们不能说三星职员们在国外销售现场所展现出来的面貌是完美的答案，但是他们却大致展示出了如果要销售哲学和文化应该需要些什么。

那就是，对公司未来的确信、明天将比今天更好的希望，还有把梦想变为现实的强韧的意志。实际上，三星电子也遵守了与迪克·舒尔茨董事长的约定。李健熙把自己的这种市场销售哲学传播给最末端的职员们，并亲眼看着三星逐步征服了世界市场。

除此之外，李健熙还阐述了自己对于市场销售的各种各样的想法。在这里，我们来整理其中几点核心的内容。首先，李健熙强调了在市场销售中历史的重要性。他说：“负责销售生产的人应该懂得历史，我们有着无视历史的倾向，在做销售规划、商品规划的时候，只有懂得历史，才能得到像样的产品。”在他看来，只有理解了历史，才能知道销售的产品为什么会被消费者们需要。也就是说，从那里面可以找出市场销售的关键。对李健熙来说，市场销售就是历史与哲学、文化的问题。

李健熙虽然是一名理想主义者，但是，他也是一个懂得进行实用性思考的人。他还提出了节省广告费的方法。

“我们要对社会做出贡献。那么，无论哪个地区都会需要我们。这样的话，我们就会成为为世界着想的三星人、为人类着想的三星人，也就会成为受到世界欢迎的三星。这样，三星就不需要为自己的产品投入广告费，因为消费者就算不看广告也会购买我们的产品。”

他还强调说：“这就是超一流企业应有的面貌。”

李健熙能把这种销售定义为发掘哲学与文化的市场销售，是因为他明白，市场销售的本质就是打动人们的心。打动人心这是不能单纯地用产品的功能和性能来说明的，而是意味着有些难以名状的东西在起作用，李健熙就用哲学与文化来表现这些难以名状的内容。

根植企业论，赢得当地人的心

在三星集团的未来战略室曾经发生过一次小的争论。针对李健熙许诺贡献社会的1亿韩元应该怎样使用，人们发生了争论。李健熙在辞退董事长的职务时，曾经约定要把1亿韩元用在正确的地方，并下指示让三星迅速准备一套方案。

未来战略室的职员们开始绞尽脑汁地想主意。在认真考虑、探讨的方案中，有一个是向联合国进行捐款。三星电子整体销售额的90%都是来自于国外市场。从整体上看三星电子的话，韩国市场不过是一个很小的市场。考虑到三星全球性企业的形象，也就有了向联合国捐款是最为妥当的方式的意见。对此，人们的反应也是各不相同。有些人评价这个想法是有进取性的想法，还有意见认为，这是与为人类服务的企业的方向以及三星的形象所吻合的。

然而，反对的声音也是此起彼伏。还有人指责称：“真正的问题是韩国。”在这些人看来，三星形象不佳的地区不是在国外，而是在韩国，因此他们主张这些钱应该用在国内。最终人们也没能得出结论，而只是决定回到原点，对这个事情进行重新的探讨。

这次争论并不是关于李健熙把钱花在哪儿、要捐多少的问题。与把钱用在哪儿无关，出现了与联合国有关的想法，这才是重点。这一点展示了三星、李健熙所朝向的方向。

如果把李健熙进军国际市场的战略浓缩为一句话，那就是“根植企业论”。他说：“要让国际化三星在全世界扎根。”想要扎根全球市场，那就要获得当地人的心。为此，生产高质量的产品固然重要，但是，李健熙认为，企业还要尽到自己在国际社会上的义务。从这个角度看，如果李健熙的钱通过联合国用在救济难民、设立学校等有意义的地方，那么就可以说这些钱用在了正确的地方。

作为国际化三星所希望实现的重点，“根植企业论”出现在李健熙的各个谈话中。他说：“我们要在世界各地建立第二、第三个三星。”他还说，不仅要让三星只存在于韩国，美国、欧洲、亚洲各国也都要有三星，我们才可以说三星是一个真正的全球性企业。因此，三星使用了“总公司”的概念。美国总公司、欧洲总公司、日本总公司——这些表现里包含了李健熙的志向。美国总公司就是美国的三星，欧洲总公司就是欧洲的三星。就像三星集团在韩国代表了所有的关联公司一样，各国的总公司就代表了进入各国市场的三星关联公司。李健熙就是希望通过这种方式，在三星进入的各个国家生根发芽。

为了实现这一目标，李健熙下达指示，说：“我们要开发符合当地情况的管理模式，使之扎根，并与当地社会共生共赢。”也就是说，李健熙希望把三星的管理在当地也打造为模范，并使之扩散。

李健熙说，通过这一理论，三星不仅要增加在当地的销售额，还希望能够达到使该国家整体的管理水平提高的效果。当地的人们都说“托了三星的福，我们生活得更好了”，这是李健熙与三星的目标。也就是说，无论是哪个国家，只要三星进入了这个国家，就要让该国家的人民感觉三星就是本国企业，这就是李健熙的“根植企业论”。

为此，李健熙认为，首先要“让在国外的工作人员认为三星就是本国公司”。这样，他们就会产生对于三星的忠诚，生产性也就会因此而提高。根植企业的根据地就是营业场所。

李健熙还十分清楚，如果成为根植企业，那么当三星处在危机情况时，就会获得保护。因为，在危机发生时，首先保护本国企业是人们普遍的心理。

采用了根植企业战略，那么自然而然地就会需要“当地人才优待论”以及“三星价值扩散论”。李健熙指出：“如果本土化做得不顺利，那就是因为‘当地人的收入不能比我高’的思考方式，以及因为语言不通而不能带来优秀的人才。”他要求，就像在韩国挖掘比经理收入还要高的人才一样，在国外也要招募当地的优秀人才。

李健熙强调道："要在国外也设立设计中心、研究与开发中心、工厂等，负责人也要聘用该国的人员。"他还说，有时候培养符合该地区要求的专业管理人员也是三星应该做的。

实际上，在最近三星集团董事的晋升者名单中，也出现了很多外国人的名字。生产技术相关的董事、市场营销相关的董事等虽然都是在当地录用的，但是他们有时候也会成为总公司的董事。这就是履行李健熙"培养当地专业管理人员"方针的结果。

美国的三星电子就是具有代表性的案例。根据美国法人的人力政策，只在分公司安排韩国工作人员，负责市场营销企划等的董事都要采用美国人。之所以向分公司派遣总公司的人员，是为了站在集团整体利益的角度上去观察业务的进行。这是在"只有把其他专业的领域全都交给外国人来负责，那么才有可能实现本土化"的想法下出现的结果。在三星实现美国市场电视机及智能手机销售第一名目标的过程中，通过这种方式被招募来的人才起到了至关重要的作用。

通过培养当地管理人员，李健熙想要得到的是健全的竞争。在国外工厂或者分公司的一个地方雇佣当地人员并取得成功的话，那么，这个消息不仅会传到韩国，还会传到其他国家，从而使他们产生激烈的竞争。尤其是针对生产技术部门，李健熙说："我们要大胆地向国外生产技术部门的人员提供更高的工资，从而使得当地公司比我们发展得更快速。"

除了"当地人才优待论"，根植企业战略的另外一个重要的内容，同时也是李健熙关于国际化三星的哲学内容是"三星化"。

所谓“三星化”，并非本土化，而是带着三星的价值观去实现本土化。换句话来说，就是把三星的发展模型移植到海外。通过本土化，三星可以在当地扎根，而根基的养分则由三星的价值观进行供给。

李健熙强调说：“怎么把当地的干部、工厂厂长、分社长等人全部变成我们的人，这是关键。”为了让当地人领悟三星的价值观，三星每天早上播放的集团电视节目都是用英语制作，然后在海外播放。

另外，按照李健熙的指示，为了让海外的职员能够自豪地工作，三星会为他们提供访问韩国的机会，并开设针对当地人员的韩语学习课程。李健熙还说，在进军海外市场的时候，“比起让产品或者分店走出去，我们应该想着带着韩国三星的文化走出去”。

通过根植企业论，李健熙还明确地提出了在进军海外市场时应该警戒哪些东西。“只因为人工费、工资低廉而迁移到国外，这种事情想都不要想。”在中国建了工厂，因为人工费上涨搬到越南，越南涨价的话又搬到泰国、缅甸……李健熙就是不希望这么做。最适宜三星发展的生产基地并不是单纯的生产基地，而是要按照当地是否适合三星扎根来进行判断，这就是李健熙的方针。

同时，李健熙还斥责了进入外国市场的韩国人的自满。李健熙警告说：“员工好像对进入外国市场存在自满以及优越感，如果这么对待当地的消费者，那么迟早会碰一鼻子灰。”

李健熙这种对于本土化的执著，从教训惨痛的企业并购的失败中也可以看出来。1995 年，三星投入了数亿美元的资金收购了美国的计算机企业 AST。这次的投资金额是三星电子全年收益的几倍之多。然而，AST 的职员们却不想在三星这个品牌下工作。最终，公司人员全都流失，公司也不得不关了门。从那时起，三星就对企业并购产生了心理阴影。李健熙的话也产生了很大的影响，他说：“失败不是什么坏事，但是重复同样的失败却是罪恶。”这也成为这些年三星没有正式地进行企业并购的原因。AST 事件似乎对李健熙也产生了很大的影响。因此，他也变得更加执著于本土化。

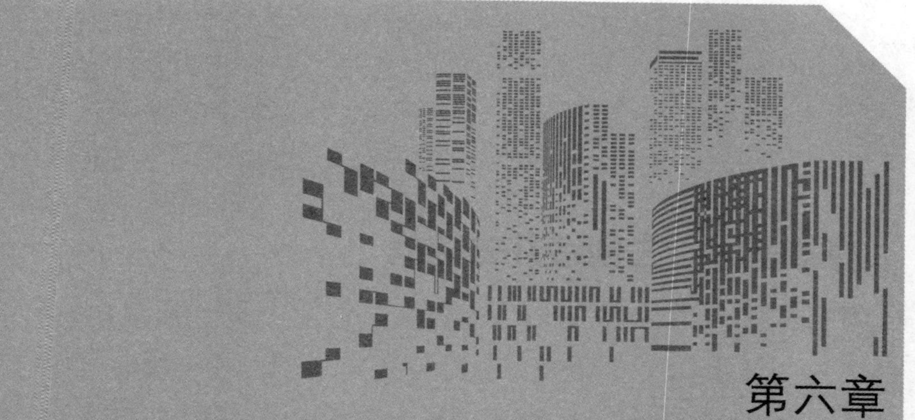

第六章

企业文化，留下的课题

“失败和创造就好比水和鱼，如果害怕失败，那么创造就无法生存。”换句话说，就是“文化上落后的企业是无法取得不断成功的”。同样，经过数十年发展和磨砺，三星也养成了自身的企业文化修养，这种文化上的内功修炼，是三星成功的结果，还是助推三星取得成功的助推器，并不重要，重要的是在危机四伏面前，再成熟的文化也要不断被更新，被优胜劣汰地加以选择，从而才能让企业文化不断地充满旺盛的生命力。

尊重差异，去创造并去挑战

在1987年就任三星董事长之后，李健熙几乎没有参加过像是“全国经济人联合会”（全经联）会议等公开的财阀总指挥的集会。在1991年的月刊《新东亚》的采访中，李健熙揭示了其中的缘由，他说：“以前的时候我曾去过全经联主办的会议等，但是在那里却连烟都不能抽。”李健熙非常讨厌那种固守陈规、毫无自由的氛围。而对李健熙来说，能不能抽烟就是他判断的尺度之一。

实际上，很容易看出，烟对李健熙来说是具有特别意义的。在向职员们讲对待顾客的态度的时候，他曾说：“就算在我面前抽烟，也不要在顾客面前抽。”说不定，对李健熙来说，抽烟就意味着自由。1993年新经营宣言时期，李健熙把董事们全都召集到法兰克福凯宾斯基酒店，并进行了数百小时的演说，那时候，他甚至一直烟不离手，可见李健熙是一名真正的爱烟之人。

在采访的末尾，李健熙说了这样的一句话：“有些人可能能适应（那样的会议），但是我却与他们不同。”

“我与他们不同。”这句话道出了对于李健熙来说十分重要的另外一个哲学。他自认为自己与众不同。他也十分清楚，所有的人都是各不相同的。他所梦想的公司，是各不相同的人们自由思考，表达自己的意见，并按照自己的个性工作。李健熙理解差异的力量，想要与众不同的他对于压抑差别的“相同性”是十分警觉的。

李健熙说：“提倡‘相同性’是绝对不可以的。军队文化、独裁文化不可能走得长久。”长久以来，李健熙一直认为“相同性”是韩国社会残存的军队文化、独裁文化所产生的弊端，而“相同性”则可以抹杀作为未来竞争力的创意性。

如果回过头看看李健熙的生活，就能知道他对于“相同性”的厌恶似乎也是理所当然的。首先，他的人生本身就是与别人完全不同的。他经常是独自一人，读书、看电影或者看纪录片，还有整理自己的想法。通过到处旅行，他积累了很多经验，通过听取各个领域专家们各不相同的谈话，他使得自己的想法更加敏锐。在这个过程中，有时，他会顿悟些什么，有时，在深深沉浸于思考之后，他会做出重要的抉择。这是他自己领悟创意思考的过程。在这样的经历和过程之中，“相同性”和“规矩”没有立足之地。

“尊重差异，排斥‘相同性’”，李健熙的哲学还延伸到了企业文化论领域。对于差异所具有的优点，李健熙认为“可以自由喷发的文化就是竞争力”。

因此，李健熙强调道：“千万不要在出勤簿上签到。不管是在家还是在公司，按照自己的想法就好。没有必要非得来公司上班。所谓设计，并非坐在桌前苦思冥想所得到的，而是突然灵光一现的想法。”

李健熙是在 1993 年说出的这些话。那时候，他已经开始说创造性的企业文化。在那时候，韩国每个办公室都要检查上班的时间，部长、次长、科长、股长、代理们按照职位高低依次坐好并进行工作。李健熙在那时提出了弹性工作制、在家工作制。以尤其强调高度创意性的设计工作为例，他还强调，创意性的文化可以催生创意性的想法。他还说：“让人们进行自律，那么，竞争力就会随之产生。我深知这一点。”他通过反复强调自己的经验，强烈要求三星打造自由的文化。

但是在当时，不仅是三星，整个韩国社会都几乎没有人完全理解了他的话。迫切需要解决生计问题，也就是在品质至上的环境中，能够让职员们发挥创意的企业文化几乎是奢侈的。李健熙所提出的弹性工作制、在家工作制直到十五年后，才被三星电子引进了公司。

李健熙的企业文化论就是这样，从差异出发。他主张，要承认差异，并使不同的个性发展。在他看来，这使得创意性企业的实现成为可能。下一个，就是挑战。为了使创意能够在现实中实现，一定要经过“挑战”这个关卡。“过去的三星在摸过石桥之后也不会过去（韩国俗语“石桥也要摸摸再过”，比喻做事要小心谨慎。——译注），但是，我认为就算是木桥也要先走过去试试。”李健熙用这句话强调了他的挑战精神。

“差异、创造、挑战”，李健熙关于企业文化的这三个关键词在 2006 年的新年致辞中被整理出来，并被作为理想企业的发展方向。他还说：“通过挑战与创造的精神，拥有收获满满的工作岗位，让三星成为三星家族所有员工的梦与希望实现的地方，这就是我们所梦想的三星的样子，也是我们一定要实现的未来。”

在此，我们会想起“企业文化就是企业家的假面”这句话。这是因为，李健熙所梦想的企业文化与他独特的个人角色，以及他作为企业家走过的与众不同的人生正确地实现了重合。

李健熙很了解在创造与挑战的过程中所需要花费的费用，那就是失败。他说道：“我们要形成接受失败的氛围，失败与创造就好比水和鱼，如果害怕失败，那么创造就无法生存。”他还把“失败”这个关键词作为创造的前提条件提出。

李健熙说：“我们不能辞退失败的人。那个人的失败中投入了我们多少的资金，怎么能因为他失败了就把他辞退呢?”失败越大，教训也就越大，把失败的经历变为教训，那就不会再产生同样的失败，在李健熙看来，这就是投资。

“创造、挑战、失败”，对李健熙来说，这就是企业文化的关键词。

率先占领市场者独享利益

那么，实际中三星的文化是怎样的呢？在此，本书将介绍几个李健熙花了最多心血建设的三星电子的例子。

三星电子经理尹富根说："我们不得不每天晚上 11 点召开商品开发会议，每个周六来公司开成本对策会议。"他还说："加夜班、出特勤，这些都不是我们的目的，而是我们无法逃避的选择。"

如果产品推出晚了一周，那么效益就会产生六个月或者一年的差距，因此，尹富根经理才会这么说。为了应对时时刻刻都在变化的顾客需求以及原材料价格变动，他们只能不分昼夜，周末和工作日也没有什么区别。实际上，就算在节日的时候联系尹经理，他也会风雨无阻地出现在公司的办公桌前。针对这种文化，有人甚至说："三星的竞争力就是周一、周二、周三、周四、周五、周五、周五。"

尹经理接着说明道："遵守产品开发的期限，这是事业竞争力的基本。就算开发部门和市场营销部门就推迟期限达成了一致协议，顾客们也不会等我们，而是会去购买其他公司的产品。"这也说明了企业的紧迫感——如果不能以最快的速度把最具革新性的产品投放到市场上，那么生存就会变得困难。这种紧迫感支配着三星管理团队的神经，很明显，这也是三星竞争力中的一部分。

我们好像也多次从别的地方听到过尹经理的这种言论。前面的内容中，李健熙曾把电子产业定义为"时间产业"。在胜者一家独大的 IT 业界，他们都执著于李健熙的这个命题——"如果率先占领了市场，那么就算不能独占销售额与市场占有率，也可以独自享用大部分利益。"三星电子这个组织通过李健熙所说的"事业的概念"得到了竞争力的核心，又把竞争力的核心打造成为机制和文化，可以说，三星就是一个这样的集团。

下一部分，是关于最近通过智能手机在三星电子中创造最多利润的无线事业部的内容。无线事业部通过其 Galaxy 系列手机在世界市场上成为苹果手机唯一的竞争对手，无线事业部的口号中也融入了这样的文化。他们把自己的"发展 DNA"定义为"迅速的决断能力、快速的执行力以及目标指向型的勤劳精神"。虽然没有持续很久，但是三星把似乎会永远成为帝国的苹果公司拉下王位，并实现了智能手机市场占有率世界第一名的成绩，其原因应该就蕴藏在这三点之中。

关于决策以及执行，一名三星电子负责资金的董事提到了过去的一次屈辱的经历。他说道："一天，事业部门拿着一份大规模的海外投资计划来到我们部门。如果说正式把协议交付给我们的日子是今天，他们第二天起就会吵吵闹闹地说我们的协议交付晚了。"也就是说，第一天事业部门声称要在海外建设工厂，并向资金部门请求资金，第二天他们就开始声讨资金部门，问为什么还不把资金给他们。这在其他公司里是难以想象的事情。一般来说，如果向负责资金的部门请求通过协议，那事业部门就已经做完了自己该做的，他们只需要等待资金部门的商讨结束。

然而三星却有所不同。事业部门经常会质问资金部门："只有立刻给我们钱，我们的工作才能展开。否则如果因为时间推迟产生了问题，那责任由你们来担吗？"事业部门因此而投诉资金部门也成了家常便饭。

这种状况一发生，三星就找到了新的解决方案，那就是改变业务方式。在大部分公司，管理钱的资金部门都是老大，但是，三星却把资金部门变成了老二。

也就是说，如果在提交了最终的事业计划书之后再开始商讨是否提供资金，那什么工作都没法顺利进行，三星也承认了这一点。因此，资金部门开始首先出面，提前掌握当前的业务中正在探讨的投资方案。在此过程中，双方进行相互协商，准备投资方案，业务进行的方式转变为这种方式。如果把过去的业务方式称作"串联式"，那新的方式就可以叫作"并列式"。在那之后，三星具备了新的系统，即如果产生了最终方案的协议，当天就可以立马进行处理的系统。对他们来说，解决了速度问题，就相当于找到了生存的唯一路径。

在三星成长为如今世界级强者的过程中，半导体事业部门担任了资金支持的角色，而在半导体事业部门，有几个句子也确定了他们的角色。他们认为，在半导体这片红色的海洋中，唯一的生存战略就是为了与其他竞争者拉开差距而进行的不断革新。为此，他们共提出了五点口号。

“不要满足于成功（精神武装）、与熟悉的事物告别（创造性破坏）、不断地享受变化（革新、挑战）、战胜磨炼与苦痛（健康、部门和谐）、共享梦与希望（共享视野）。”

我们可以知道，成为世界第一的企业都是有他们成功的理由的。自 1990 年以后，三星电子半导体事业部门就再也没有交出过半导体动态随机存储器市场的世界第一的位置，在他们的口号中，包含了他们对于理想的组织文化的愿景。

还有一个故事是关于电视机事业部的。2006 年，三星电子首次成为世界电视机市场的第一名。在超越索尼的过程中，三星电子的企业文化也在闪烁着光辉。

2005 年，电视机商品企划组的成员们十分郁闷，他们几乎追到了索尼的眼前，只需再追一把，就能超过索尼，但是却找不到方法。问题出在了设计上。三星想设计得与众不同，但是却没有合适的方法。有一天，无法消解心中郁闷的他们来到一家酒吧。在红酒与音乐之中，他们慢慢放下身心，沉醉在香气里。就在那时，一名看到映衬在灯光中的红酒杯的职员突然大叫道：“对，就是这个！”其他职员们用朦胧的双眼看着那名职员，问道："什么啊？"那名职员问其他人，让人联想到红酒杯的设计怎么样。红酒杯？其他职员们的眼里也开始闪烁起光芒。在那个瞬间，他们似乎有了思路。然后，他们开始进行新的设计开发。使人联想到红酒杯、超越索尼成为世界市场第一名的第一功臣——波尔多模型的设计就在那个瞬间诞生。"好的设计，并非坐在桌前苦思冥想所得到的，而是在别的地方突然灵光一现的想法。"这个案例也让我们联想到李健熙的这句话。

然而，三星并没有把脚步停留在单纯改变电视机的外观和色彩方面，他们还彻底改变了构成电视机外缘的框架材质。制作这种框架所需的技术并不能在国内找到，于是，他们斥巨资从德国的汽车企业引进了金属模具技术。"制造出优秀的产品，就能制造出市场。用第一名的方式是无法超越第一名的。"——这个想法支配了他们的思考。

之后便是执行。三星电子电视机事业部要按照产品出示日期准备好完美的产品。这是与时间的战争。当时，挂在电视机事业部的横幅就说明了他们心中的迫切。

"一定要回家。"

蚕食未来竞争力的短期业绩

像这样，李健熙所追求的三星的企业文化使得三星在危机中闪光，并使三星电子成为世界级的企业。对此，《老虎管理层》一书的作者——高丽大学教授 Martin Hemmert 说道："以三星为首的韩国企业的企业主们会提出看似不可能实现的目标。企业组织通过难以想象的推动力及速度使得企业有了实现这个目标的实力。"

在等待到猎物出现时，如果认为当时正是最好的时机，那就释放所有的能量，捕食猎物——这就是老虎的捕猎法，韩国企业的管理就与之类似。速度、对被检验过的事业的果敢资金投入、一家之长式的领导能力、循序渐进地执行等，具有这些特征的文化深入到了三星的骨髓之中。

然而，这种文化与李健熙所梦想的理想企业的样子还是有所差异的。不是所有的东西都会像他说的那样一一实现。接下来，我们就要看看三星的企业文化中存在着什么样的问题。

在很多情况下，战略会对组织文化起着决定性的影响。三星的文化也是根据他们的成功战略——快速追击者战略形成的。虽然他们也在强调创意性、果敢地挑战，但是，在此之前的价值观支配了三星文化的全部。

这样做的结果，就是三星的组织以速度、执行、一贯性等为中心发展而来。成果被评价为最重要的价值观，而挑战和失败的价值相对来说只能变得更低。

只通过人力我们就可以看出这一点。李健熙曾说："不能只通过一到两年就对一个人进行评价。"他这么说，是因为如果通过短期的业绩进行评价的话，就无法进行长期的投资。另外，李健熙还说比起"有过必罚"，"有功必赏"更符合他们的哲学。然而，三星人力的实际情况却并非如此。每年年末，三星都会公布数百人的董事升职者名单。舆论会对此进行大规模报道，对三星董事们享有怎样的待遇也会进行详细的描写。每个工薪阶层都梦想成为企业的董事，更何况是三星的董事，舆论的报道也反映了社会对此的关心。

然而，比起升职的人来说，有更多的董事们退休。每年都会有数百名在企业管理中担任核心角色的董事从岗位上走下来。

作为 CEO 的经理也同样如此。每年，三星关联公司中大约三分之一的公司经理会被替换。如果对此进行积极评价的话，可以说三星在人力方面解决了速度问题。提前一步进行人力变更，会使得组织时刻保持紧张。当然，在这里最重要的标准是当年的业绩。

这种人力模式使得名为“短期业绩主义”的文化在三星生根发芽。业绩不好，那么董事和管理者就得收拾好铺盖回家。在这种情况中，几乎没有管理者愿意把自己的位置作为赌注，进行新事业等冒险。因为，就算犯了错误还能在原位不动的，只有企业主一人。

由于李健熙的离开，没有人再能做出可以对此进行弥补的果断决定，对三星重视短期业绩的文化的忧虑也因此而产生。短期业绩主义是李健熙也无法轻易克服的问题。他从 20 世纪 90 年代初就高声强调“软实力”，而“软实力”扩充在三星的失败就与这种文化有着直接的关系。

事情发生在 1995 年。在集团层面上，三星为了培养综合信息产业，建立了三星影像事业团。这是为了从以硬件为中心的企业中脱胎、为未来做准备的部署。他们还引进了大批电影艺术领域的人才。

然而，两年后外汇危机爆发。在那时，三星不得不把李健熙用个人资产收购的韩国半导体富川工厂也卖掉。影像事业团也没有成为例外。最终，三星决定把可能成为综合信息产业根据地的影像事业团解散。带着各色各样的梦想进入影像事业团的人才们只能纷纷散去。后来，他们进入了韩国电影界的各个角落，并在韩国电影发展进程中扮演了重要的角色。

而在影像事业团解体之后，三星没能很好地确保综合信息。在影像事业团于 1999 年解体的十年后，三星自 2010 年起，开始强力推动综合信息产业发展，从而对其进行强化。

影像事业团解体与三星的企业文化有着直接的关系。如果想在电影等综合信息产业领域取得成功，那是需要长期投资的。那些奋斗于忠武路、从事电影事业的人们做着自己热爱的事业，为了取得大的成功足足等了十年，甚至二十年。但是，只要有一部电影火了，他们也就成功了。在成功之前，他们只能忍受着饥渴，徘徊于拍摄场地。

但是，三星的文化却没有办法等待他们。因为三星要在短期内获得利益。当初担任三星影像事业团人力的一名董事回想着过去，说道："按照三星的文化，每个季度都要对业绩进行检查，这必然会与电影业、艺术界人们的文化产生冲突。"

在做出解散三星影像事业团的决定之后，影像事业团制作的电影《生死谍报》获得了巨大的成功。而对综合信息产业抱有巨大热情的职员们却只能感到内心的空虚感。

在说到需要长期投资的综合信息产业的时候，李健熙还提到另外一个遗憾，那就是对于软件人才的管理。前面曾经提到，三星于 20 世纪 90 年代中期选拔了大批的软件人才，却把大部分的人才安排为计算机室的员工。另外，在 21 世纪前十年中期，半导体、液晶显示屏等事业一旦经历不景气，无法产生明显的业绩，三星就会解雇大批软件人才。这是因为，三星是一个典型的硬件公司。制造、销售硬件的话，三星立马就能获得收益，在短期业绩主义文化笼罩的三星，软件的不同是无法被接受的。

既然说到综合信息等软实力，在此就再多说一点。综合信息主要指的是软件、电影、音乐、游戏等。每次说到三星的软实力，总会联系到另外一件遗憾的故事。

从 1984 年起，三星就引进了日本世嘉公司生产的游戏机，将其命名为“游戏男孩儿”并进行销售，也因此与世嘉公司结缘。此后，世嘉公司受到任天堂以及网络游戏的冲击，陷入了经营困难的境况。世嘉公司的管理团队向三星提出了希望被收购的意向。该公司的建立者兼董事长是韩国在日侨胞，比起日本的企业，他选择了有着长期合作关系的三星作为收购世嘉公司的企业。

然而，三星并没有收购世嘉公司。原因是，他们担心收购世嘉公司后效益会不好，并且他们对收购还存在着心理阴影。

三星的一名董事说：“使三星影像事业团解体、没有收购世嘉公司以及没能较好地管理软件人才——可以说，这是在提到软实力时最让三星感到可惜的三个事件。”

重视短期业绩的文化就这样蚕食了三星的未来竞争力。

打造创造性文化

"曾经给三星带来成功的快速追击者战略如今正在阻碍企业成长。"

2010 年 12 月中旬，企业内部期刊《媒体三星》上刊登了一篇名为《一流企业的陷阱》的报道。这篇文章中，企业通讯组听取职员的意见，自行指出了企业文化中存在的问题。文章指出，"过去成功的法则会变为未来的陷阱"。不久之前，三星又将这篇报道制作成视频，在企业内部播放给所有职员观看。

这篇报道以智能手机为例，说明追击者战略的失败。一名职员表示"和即将正式推出的安卓平台的基础产品相比，首先应该具备能更迅速拿出的竞争力。安卓平台公司是先给我方提案的。"

简单说明一下这位职员所说的 2010 年年初的情况。当时，苹果手机是智能手机界唯一的智能手机，谷歌的安卓机当时还没有被开发出来，而三星当时正在努力开发一种以视窗为基础的智能手机。

这时谷歌向三星提案，希望能和三星一起开发以安卓为运营体系的智能手机。谷歌公司虽然不生产手机，但是因为不想在智能手机运营的竞争中被苹果公司和微软公司压制，所以来寻找合作伙伴。而当时，与三星、苹果共为世界手机市场三强的诺基亚正在开发自己的运营体系。所以谷歌选择三星为它的合作伙伴就成了自然而然的事情。

但是三星拒绝了这个提案。三星刚一拒绝，谷歌就把目光投向了台湾，于是 HTC 便成了全球制造第一台安卓手机的公司。

三星为什么会拒绝生产谷歌手机呢？这位职员对此表示不满，他说："我们在进入以安卓平台为基础的产品开发上落后了。为什么我们一定要在有成功的模型以后再去挑战呢，我们真的能被称为第一吗？"

这名职员认为，三星之所以不关注谷歌手机，是因为害怕"最先"。他指责说三星没有从只在已形成好的市场中投入资金和人力来夺回第一位的追击者角色中脱离出来。

另外，有开发人员激动地表示："我们总认为不需要去制造创新性的产品，也不去制造。因为一直以来我们都是在以成功事例为标杆的过程中成长，所以没有必要冒风险。"他对不挑战、不创造而只一味地模仿、追击这一在三星的企业文化中占有核心地位的事实表示心痛不已。

让我们再来听听另外一位研究人员的话。他说："在我们开发的过程中，有时会突然有非常好的创意。但是将这些想法说出来后，总是会被训斥‘不要异想天开了！要考虑能马上投入市场的东西’。”另外一位三星的工作人员也证明了此事，他说：“如果当时听取我们的意见，能做出划时代的好产品，但是我们似乎对新鲜的事物带有恐惧。”

这篇报道在三星的职员间成了热议话题，它由“成功的陷阱、创造的条件、韩国式文化”三部分组成，非常果断地指出了三星企业文化中存在的问题。

而未来战略室制作这样的电视节目，并将其播放给职员观看的行为，从反面证明了三星并不是回避冒险和挑战而只停留在追击者文化的水平上。

真正世界第一的企业有何不同？曾经的辉煌时代，索尼公司从晶体管开始，制造了 walkman 等许多跨时代的产品，在全世界人们的脑海中都留下了深刻的记忆。接着史蒂夫·乔布斯的苹果公司用苹果手机改变了人类的生活。

但是三星却没有世界首创的产品。而这个阻碍三星成长的绊脚石对于史蒂夫·乔布斯来说会不会只是一个笑话？因为没有一个能够带领三星做出创新产品的“乔布斯”，所以三星才一直没有目标，犹豫不前。以上虽然是讽刺三星追击者战略的话，很多人却点头称是。最近五年，一直引领三星电子成长的智能手机市场的增速不再如以前，于是三星就马上开始困惑于未来的战略了。

即使这些划时代产品中的构件是属于三星的优秀成果，但却得不到 IT 迷们的尊敬，他们追求的总是最新的东西，只要有新产品或新软件，就会为之疯狂。不仅是苹果手机，之前在索尼一款名为“VAIO”的笔记本电脑上市时也是这样。当时，索尼以运用电脑编辑视频和音乐的狂热粉们为销售对象制造了这款产品。使用者打开电脑，就能打开许多频道，通过电脑就可以编辑各个频道的视频和音乐。这是当时媒体迷们梦寐以求的笔记本电脑。

为了研制“VAIO”的笔记本电脑，索尼将有热情的职员们聚集在一起，即使是事业部的职员也没关系。日常工作完成之后，他们聚在一起用热情和才能制造出了“VAIO”。直到现在，索尼的文化核心就只有创新。就这样，“VAIO”诞生了，它吸引了所有狂热粉的目光。喜欢尝鲜的人首先跟随狂热粉购买了产品，然后大众也加入了购买的行列。如此，“VAIO”成了世界级的成功产品。

但是截至今天，三星也没能做出这样的产品。拿不出让狂热粉们喜欢的产品的理由和企业文化密切相关。这和李健熙所期望的创造性文化间还有很远的距离。

“后腿论”，以及与习惯性行为告别

“听说被查了。”这是在三星，有工作人员或职员突然上交辞呈时经常听到的一句话。挪用公款、不伦、徇私受贿等，检查组需要负责的问题多到不是一两句话能够说完的。说到三星的企业文化，不能忽视的一点就是检查组强大的权限。对于三星来说，检查组就相当于检察院，或者说比检察院更强大。因为检察机关发现问题以后，还要等待法院做最终判决，而三星的检查组不仅发现问题，甚至还有向人事部反映检查结果的权限。

这种权限能够纠正三星企业内的不正之风，是相对自由的。这种文化是借鉴了海外成果的。但是有人表示，随着检查组的权限逐渐强大，也需要防范检查组的过度用权。

三星检查组的权限逐渐强大是因为李健熙的“后腿论”。就像把不合格产品称为癌一样，我们把企业内造成问题的人叫作“扯后腿的人”，并把他们当作应该剔除的对象。1987 年成为三星会长之后的二十年间，李健熙经常会提及“后腿论”。他将不合格产品叫作癌，认为它会搞砸一个企业，同样的，拖后腿的人也会削弱企业。

那么什么样的人被称为拖后腿的人呢？首先来看看他把人分为的 6 种类型：向日葵型、坚信型、蜘蛛侠型、权威主义型、化学肥料型和堆肥型。

向日葵型的人无论何时何地都只说好话。李健熙说：“这样的人隐藏问题，不明白本质；即使知道本质也不会说出来。”和向日葵型的人正相反，坚信型的人“对于事情很有自信心，有责任心；非常固执，但是能在困难的时候帮上忙”，这是一种所期望得到的人才。

蜘蛛侠型可以按字面意思理解，指的是一直乐此不疲地寻找有学缘（相同学校毕业）、地缘（老乡）和血缘关系的人。李健熙指出，“这样的人总是拉帮结派，容易影响大家的和谐”，是应该防范的类型。权威主义型也是应该被防范的类型。他指责说：“三星内部官僚化的人不少。这些人手下聚集了许多相似的权威主义、形式主义的人。”李健熙认为，这样的人太多的话“无法成为大人物，而且难以有自律和创意”。

他还说“同时要防范化学肥料型人”。所谓化学肥料型人指的是有点想法、沉浸在自满当中的人，而企业中默默工作的人才则是堆肥型。

李健熙指出：“向日葵型、官僚型和化学肥料型这三种人的共同特点是语气老练，常用第三人称而非第一人称，不是说我该怎样做，而总是说作为职员应该怎样怎样做。”

在这里他更进一步，提出企业中一定要清除的人。他在1988年的一次访谈中说：“我最讨厌的类型就是悲观主义，而且背叛过别人，或者有那种要死一起死式思考方式的拖后腿的人。”1993年的时候他也说过：“无论在哪个团体里，吃白饭、偷东西的人都会占全部人数的5%左右；相反，努力工作、给座金山也不要的人大概也占5%。”李健熙认为，企业到底是否能发展好，就要看是哪一个5%能发挥作用，也就是说，剩下90%的人会在这种企业氛围下发展。并且他说：“我就是要把这样的人举出来，让他带领大家往好的方向发展。”

2002年7月，李健熙正式列出了应该剔除的人。“去除有道德问题的人这件事和拔坏牙是差不多的。一个人堕落，会传染身边其他努力工作的人，导致士气下降。”如此，检查组的权限就开始日益增加。三星的历史分为管理的三星、战略的三星和创意的三星这三部分，可以说检查组就成了管理的三星的基础。

2006年6月，在经理会议上，李健熙表示：“公司经营的核心，第一是要消除不良，第二是要将努力工作铭记于心，第三是需要有优秀的人带领向好发展的意志。”

2006年，三星公司的业绩连同股票市值都远远超过了索尼公司，开始为之后独占世界电子市场做准备。李健熙为防止大家松懈，同时也为监督企业，再次提及了管理的必要性，他说要防止不良的事情发生。在下一年的4月份，李健熙又表示：“企业的胜利是上层2%～3%的努力工作和消除不良，但是下层的

2% ~ 3% 无论怎样监督都是不良也不工作的。这 2% ~ 3% 混在其中最终会将企业搞砸。”

经理会议上，李健熙下令说要“消除不良”，为了践行这条指示，可以想象检查组的行动。虽然李健熙的要求有三条，但是马上就能见效的是第一条要求。因为有努力工作的精神、具有优秀的人带领向好发展的意志是需要长期证明的课题，有时甚至无法证明。三星内部都在传言：“因为被检查组查了，有一个连锁公司整个都没了。”足以证明这言论的影响之大。

检查组的威力也影响到了海外。这是中国三星的故事。在中国，节日送礼的文化深入人心。但是，中国三星禁止送礼。虽然要适应当地风俗，但是考虑到应该消除不良，才如此规定。三星的管理层认为，就如过去的韩国，通过收受贿赂而得到好处的发生率是很高的。这个方针制定初期，还是有企业和员工像以前一样继续送礼，但是三星将礼物归还，并让驻中的员工教育大家不要收礼。三星人认为，检查组的存在对于改变大家的行为有很大的作用。因为如果收受礼物的话是分明违反规定的。

这样做的结果就是给三星送礼的当地人慢慢消失了。中国人也接受了三星的规定。据在中国三星工作过、最近回国的一位职员说：“五年的时间里，我们没有收到过当地企业送的礼，中国人也开始理解三星的规定了。”

李健熙的“后腿论”将三星变为了一个相对来说干净的组织，并成了管理三星的基础。但是，随着时间的推移，逐渐强大的检查权力也可能造成其他的问题。

在系统之内管理危机

说到三星文化，就不得不提管理危机的能力。“企业主风险”最近在韩国社会引起热议，在这里我们就以相关问题为中心，来讨论三星的文化。

2012 年初，李健熙因为遗产继承问题被他的兄长李孟熙告上了法庭。双方的感情纠纷激烈，最终演变成了相互诽谤的大战。就在官司打得火热的 4 月 24 日，李健熙在上班途中向遇到的记者说出了忍耐已久的话。对于李孟熙，他说：“他已经不是我们家成员了……因为他告发父亲，并使他入狱，谁也不会再把他当作这个家的长孙了。”就在前一日，李孟熙曾通过法律代理人表示“李健熙说的话就像小孩子的话”。而以此为契机，李健熙把之前的愤怒都爆发了出来。

这是韩国社会常见的财阀间的兄弟之争，只不过因为这次的当事人是三星，是李健熙，所以并不常见。批判性的言论慢慢扩散开来。几天后，李健熙出现在机场。在出访欧洲之前，他见了记者，并表示“因为私人问题而爆发了个人感情，觉得应该向大众道歉”，“以后诉讼的问题将全权交予律师，我将只专心管理三星”。他对自己的言论向大众公开道歉。

当时三星和 CJ（韩国的一家大型跨国企业。——译注）有很多恩怨。在这种情况下，因为舆论恶化，能使李健熙公开道歉，之后离开韩国的就是三星的“系统力”。李健熙的发言刚使舆论恶化，三星的上层董事就说服了他：“最好先公开道歉，然后暂时去国外避一避好一些。”像韩国这样的大企业，企业主对于公司的事物拥有决定权和人事权，建议这样的人去公开道歉不是一件容易事。正因如此，即便是对于优秀的访谈专家来说，当企业主变为当事人，像这样拿出解决方法也不是件容易事，因为他们违背检查的话就意味着被解雇，所以无法解决企业主风险的情况占了多数。大韩航空的花生返航事件也属于一个极端案例。事件发生的原因是因为企业主不在系统内而凌驾于系统之上。

但是三星却不同。李健熙接受了管理层的劝告，他公开道歉并去了国外。虽然之前李健熙批评李孟熙时确实不在系统之内，但是李健熙重回系统之内，按照要求做出了行动。他说“系统完备的话就可以完成很多实际工作，领导们就可以思考更多的事情和为未来做出准备”，他自己的事件也证明了如此。

三星电子商谈组的社长李仁勇说：“事情发生之后，三星的企业主们总是会召集责任人们共同商议应该如何处理。”这是为了告诉大家，虽然凌驾于系统之上，但是他们知道应该怎样运用这个系统，自己也进入系统，并且这也是训练自己不感情用事而使事情恶化。也许是这个原因，几乎从来没有听过李健熙的儿子李在镕因为发言和行为而引起的讨论。大家反倒是评价李在镕彬彬有礼，而且要求“以后的随行董事也要向他学习”。

也有过企业主成为问题解决的当事人的情况，那就是2012年的韩服事件。韩服设计师身穿韩服，在进入新罗酒店自助餐厅时被职员告知不得入内。这个职员应该也许只是按照要求办事。新罗酒店解释说，在自助餐厅，因为韩服稍不小心就会碰洒食物，所以提醒大家注意。但是这位韩服设计师认为这侵害了她职业的自尊，将这件事上传到了Twitter。无关孰是孰非，这件事情开始引起人们的愤怒，大家认为新罗酒店侮辱了韩服。事件引起轩然大波，网民留言说：“和服都行，韩服为什么不行？”

新罗酒店马上发表了道歉文章。企业内成立了专门解决问题的小组，查看了上传到社交媒体上的各界反应。但是网民们的愤怒并没有消退。这时，李健熙的女儿——身为新罗酒店负责人的李富真社长出面了。她并不是引起问题的当事人，并没有人要求她出面来解决问题。但是她先通知了参谋团，然后直接去向当事人道歉了。韩服设计师接受了李富真社长的道歉，并在Twitter上说：“我已经原谅了他们。”持续发酵的韩服事件就这样慢慢平息了。也许李富真非常清楚她才是管理危机的负责人。专家评价她非常清楚自己在系统之内，并完成了她应该做的事情。

最后再介绍一个能够看出三星变化的管理危机的故事。三星有一个至今都无法解决的问题——白血病事件。虽然不是领导的问题，但是对于三星来说非常严重。在三星的半导体生产线上，职员们一个接一个地患了白血病，但是几年了一直找不到解决问题的头绪。在过去，这个问题是业务组和人事组共同负责的问题，业务组负责诉讼，人事组负责使事件最小化。他们认为“法律上企业并无什么过错，还要求什么赔偿和解决？”而这种把杀人只当作业务问题的反三星情绪招来了很多批判。三星调换了负责此次事件商谈组的人员。这时候三星才明白，得白血病的员工及其家属、民众情绪的问题其实已经超越了法律问题。之后的与受害者协商的问题也由商谈组负责了。

三星这样的变化带来了成果，虽然成为李健熙所梦想的“受公民尊敬和爱戴的公民企业”还任重而道远，但是，能够明白“不走就永远到不了”的道理也算是李健熙留下的宝贵遗产了。

第七章 企业破冰“33 法”

“知”与“行”永远不能分家，在企业管理中，也不能颠倒次序，否则就要走弯路，得不偿失。始自三星的企业破冰“33 法”已经成为三星内部的企业发展源动力，按照这些理念和方法，能够帮助企业克服重重苦难和阻力，不断跨越险峰、峻岭，拨云见日，屹立巅峰！

企业破冰 33 法 九大内容构成

一、经营者（一）危机意识（二）洞察未来（三）主导变化

二、事业战略（四）事业的概念（五）抢占先机（六）一等战略

三、经营基础设施（七）信息化（八）复合化

四、人事组织（九）核心人力（十）能力主义（十一）成果奖励（十二）女性人力（十三）活用专家（十四）福利待遇（十五）组织文化（十六）人才培养（十七）地区专家

五、研究开发（十八）重视技术（十九）确保技术（二十）开发名牌

六、制造生产（二十一）最好的品质（二十二）环境安全（二十三）采购艺术化

七、市场营销（二十四）市场营销（二十五）顾客满意（二十六）设计经营

八、全球化（二十七）国际化（二十八）本土化（二十九）三星化

九、企业文化（三十）创意与挑战（三十一）正道经营（三十二）集团共同体（三十三）社会贡献

一
经营者
一

第一章由企业破冰 33 法 的第一部分经营者组成。李健熙列出了他认为经营者应该具备的三种品质。第一是危机意识，第二是洞察未来，第三则是主导变化。

（一）危机意识

“我们要掌握自己身在何处，又要走向何方。”

这是李健熙表现危机意识主题的代表性发言。要始终认清自己的位置、目标和方向。

三星认为，危机意识可以概括为“认清现有位置，破除麻木，自我革新，无时无刻的紧张感，不满足于现状，和先进产品比较以及创造性再学习战略”。

“最重要的是知道企业整体的危机意识程度、危机意识具体都体现在哪儿、这种意识到底有多强烈。”

2001 年 6 月，经理会议上的发言。1997 年完全克服了汇率危机之后，三星开始在半导体产业上盈利。为了让大家有紧张感，李健熙发表了如上言论。

“虽然大坝即使被飞机轰炸也可以岿然不动，但是它如果有针眼那么大的窟窿，就会渐渐变大最终使大坝垮塌。如果在经营上有小问题，问题就会慢慢变大，一发不可收拾。”

同年8月，为了让企业保持紧张感而发表的言论。当时在一些项目上LG追上了三星，李健熙为此告诫大家，不要让敌人看见自己的一点儿弱点。

“松懈的时候得的病不好治。因为它最先来，又没有从旁指导的人。不能进行创造性再学习业务的地方是松懈的。”

这句话是在2003年10月说的，当时三星正开始在半导体上获得丰厚的利润。李健熙认为，三星在动态随机存取存储器半导体上超越了日本所有企业，占据第一，同时在国内手机、电视的市场上业绩很好的氛围会使企业混乱。这是对上层一瞬间的小松懈也会使企业堕落的警告。

“我们并不是超越了日本企业，只是在某些特定的类别上领先了而已。绝对不可以小看日本。谁都不知道日本的潜力。”

这是他在2005年6月评价超越日本企业的发言。就如上面的话，李健熙一生都在努力超越日本，可以说对日本的警戒心就像他的本能。

“印度、中国在追赶我们，日本领先于我们。那么我们是不是应该先分析自己呢？我们所追赶的诺基亚等竞争者一直保持着危机意识，我们又怎么样呢？我们的状态如何呢？”

2007年4月，李健熙警告说三星可能会陷入“坚果钳子”(1997年韩国金融危机后国外对韩国经济现状的称法，意为重振经济困难重重。——译注)状态。这句话中的诺基亚换作苹果公司也可以适用于现在的情况。苹果公司在上牵制我们，中国的智能手机企业小米等在后面给我们压力。但是三星没能容易地拿出对策。唤起危机意识，需要处理新一轮战争的李健熙如今卧病在床。

三星以这些发言为基础，列出了可以作为经营方针的“核心内容”。

首先要“掌握自己的位置”。“绝对不能因为有些收益就洋洋得意或产生错觉”，“无意识就是指脱离懒惰或者客观认识现在所在的位置”。他强调了“健全危机意识”的重要性，“为了预测危机，要始终有紧张感和警戒心”。

并且他强调“要让企业的全阶层、所有职员都有危机意识，这样才能看到效果”。尤其是针对发展最好的分公司三星电子，要“强化饥饿精神和防范大坝的裂缝”。

因危机意识而产生的行动方针当属创造性再学习战略——每天每周每月每年都要实行，和同种企业以外的企业内其他业种比较。具体要求没有发展好的三星金融分社去对三星电子进行创造性再学习。并且包含了“自满与自己是第一而不学习的行为最危险”的核心内容。

（二）洞察未来

“要展望五年、十年后。”

这是李健熙关于洞察未来的代表性发言。三星认为的洞察未来，用李健熙的经营哲学来概括，就是“知行用训评，宏观与微观，经营准备”等。而经营准备又包含有“后辈养成，新成长动力的提前投资”等关键词。

“作为经营者，最难的就是要知道什么该做、什么不该做。这之前，更困难的是经营者，即最高责任人要知道自己的行动。”

发表于 2000 年 4 月。相似的还有“要掌握主题才能做出战略，要有战略才能有战术”。

“因为新经营时期展望了十年，我们获利良多，尝试将新经营时期的方针用在 2010 年、2015 年。”

新经营展望十周年前期发表的言论，他还评价过去是成功的。李健熙强调说，为了准备未来，要复制自己成功的经验。

“在三星工作期间，不扶持后辈，只一味认为只有我才行的人中没有能成功的。只有好好培养后辈，自己才能成功。因为没有后辈，自己只能停留在原位，到头来只能倒退。”

这是人才经营论成为话题的 2007 年 4 月，李健熙所发表言论中最简洁明了指出企业问题的发言。提防着“可能要超过我的后辈”类似于一种本能。但是他表示，若不能突破这种惯性，是无法洞察自己和企业的未来的。李健熙将这些他认为没有价值的人替换了，将自己的经验变成了企业的方针。

三星为了洞察未来，提出了“展望五年、十年后”的核心内容。其主要内容是“谁能先意识到变化，谁就能胜利；只有投资人才才能在五年、十年后收到成果”。并且要求经营者要拓宽视野，“平时熟悉管理危机的方法；比起眼前的利益，要更注重利用人才，营造氛围，关注投资”。然而实现这些需要时间，所以他强调说“要使用直升机、专机等，高效利用时间，去会见海外知名人士，参观学习基础设施建设”。只有看过、感受过以后才能看到未来。

（三）主导变化

“体制、结构和思想方式等全部需要改变。”

这是能够表现主导变化的代表性发言。这部分的关键词是“马赫管理论，鲶鱼论，月薪族摆脱本性，从我开始的变化，一个方向和主人意识”等。一个方向是李健熙 1993 年提出的，即要求三星所有职员向一个方向前进，它类似于经营学和市场营销组织共同发声的“one voice”。

“我们的销售量、收益速度似乎从喷射式飞机发展到马赫速度。如果不迅速改变材料、器材、素材等，就会一直被后来人追赶。”

强调变化的李健熙发表了无数言论。所有发言的共同主题都是质量上的变化。2002 年 4 月，三星的半导体产业刚开始大幅盈利就被要求改变。

“我能做的就是鲶鱼的角色。但是是不是先改变没有用的鲶鱼经营者，尝试去跳一跳会好一些呢？这样下面的人也会自然地一起跳了。”

2002 年 10 月，李健熙通过变化自身的媒介进行市场定位。这是有名的鲶鱼理论。李健熙所期待的经营者，是没有鲶鱼，自己努力在荷花池中畅游，锻炼自己能力的经营者。

“要记住为了超越诺基亚，我们必须从根本上改变设计、技术、组织等所有东西，首先要重新调整自己后迎接挑战。”

这是针对质量变化方面的发言。三星公司正式开始挑战世界手机市场的时间是 2003 年 11 月。当时的目标是诺基亚。为了能够超越将摩托罗拉战胜了的诺基亚公司，又强调了其他变化。

“经营者应该丢掉月薪族的本性，只有把自己当作企业者看，才能看到方向。”

要求作为变化主体和主导者的经营者转变态度，发表于

2006年6月。李健熙强调，月薪族们有“我的公司”的想法可以说是企业者精神的起点。缩小月薪族和企业主的差别能取得更大的成果。

作为三星“主导变化”的核心课题，三星提出“认识三星经营哲学的本质，认真实践”。李健熙同时强调：“成功不仅适用于三星电子，也适用于全部连锁公司。”并且包含有“如果说变化是100，和到达90相比，拿到最后的10更难也更重要”的核心内容。

他强调说主导变化的CEO品格中“责任感、道德感最重要，其次是集中力和注意力”，并且提到“CEO们应该对共同问题付出更多的关心和时间”。“要考虑得更长远，像社长一样行动。”

事业战略

企业破冰33法 的第二章是事业战略，由（四）事业的概念、（五）抢占先机、（六）一等战略等组成。

这是包含了叫作战略三星的核心技术的章节。

（四）事业的概念

“能否掌握事业的概念关系着企业的胜负。”

这是作为“战略三星”基础的“事业的概念”下的核心句子。懂得了本质就能成功，否则就会失败。三星列举了“事业的本质和特性，核心力量，立体式思考，个人的事业概念”等关键词。关于事业的概念，李健熙在正文中作了详细的介绍。企业破冰33法 整理了李健熙关于每个分社的事业的想法。

“订购业即使是自己吃过的柿子也要让出。我们初期的失败也是由于这样的原因。”

1999年1月，李健熙针对订购业的本质而发表的言论。是对初期三星重工业、三星物产等在订购上失败的反省。李健熙指责公司只是一味强调三星法则而没有较好地完成订购。

“金融业对于消费者来说必须有信用，有威严，而且要有亲密感。经营上坚守基本很重要，尤其金融公司拿到别人的钱，就不能出事故。”

2004 年 7 月至 2006 年 5 月李健熙在言及金融业的本质时发表的言论。他认为信用、威严和亲切感是金融业的标准，出了事故的话之前积累的所有信赖都会荡然无存，所以说预防事故关系着胜败。但是李健熙虽然能改变三星电子，但是对于金融危机却无可奈何。以三星生命为中心，广泛存在的官僚文化、和金融一流化促进委员会的屋上屋等相近的组织等正在蚕食着三星的金融事业。

“懂得企业概念好好努力，参考企业方针、数据、资料等，转接到自己的思想和哲学上才能得到收益。”

2001 年 7 月的言论。可以说用一句话概括了三星成功的法则。没有盈利的话就是缺少了其中的东西。

强调了三星的核心内容是“坚定事业概念”。尤其“越是历史短的企业，掌握事业概念就越重要，制订企业计划时越要考虑到事业概念的特征”。同时包含了“要跟随世界公司的事业特性而变化”的内容。

（五）抢占先机

“该放弃的放弃，该开始的要迅速开始。”

三星抢占先机部分的代表性发言。提出了“掌握变化，先见之明，轻重缓急，发掘随从公司，企业构造尖端化，先行投资，失败的资产化，先机损失”等关键词。

三星把三星综合化学、三星道达尔石化公司等化学分公司与三星泰科公司出售给了韩华公司。有人指责出售的价格过于低廉，无法反映企业现有价值。但是以李健熙的经营哲学来看就可以理解了。之后的几年，许多化学分公司盈利缓慢低迷，更没有了在以后世界竞争的可能性。这说不定是卖出时机的问题。这其中的三星综合化学是李健熙担任社长两年后的 1989 年创建的首个事业。但是三星却在李健熙因病卧床期间将这个事业卖掉了。这是因为李健熙的“在抢占先机中包含预先抛弃的概念”这一哲学。

“公司困难的时候，为了调整构造而削减人力虽然是个方法，但是增设前景好的事业并加强人力的话同样能达到减少人力的效果。”

1999 年 1 月，在外汇危机之后持续进行的结构调整最后阶段的发言。结构调整也是抢占先机的机会，不应该随意削减一起度过困难时期的员工，而是应该创造新的事业。

但是最近三星正在反其道而行之。2009年之后，智能手机繁荣时扩大了组织，而困难时就开始结构调整。这不是放松，而是非战略性的、不像三星作风的傲慢。

“要放弃让人头痛的赔钱公司，要培养未来的希望产业。要研究环境事业、生物事业等未来事业。即使现在有一点盈利，该放弃的还是要快放弃。并且即便是有赤字，该扶持的企业还是要快点扶持。”

2001年6月和7月连续发表的言论。李健熙强调了速度在抢占先机上的重要性。虽然已经过去了若干年，但是三星的未来事业还不是很清楚。

“错过机会之后再说‘我们从现在开始好好做来挽回’是没用的。即使努力挽回了也是本应该的事情，若没挽回就是损失机会了。”

2002年9月在董事会上的发言。想要抢占先机就需要冒险投资。遇到一定要做的事情就必须马上行动抓住机会，防止损失机会。

“一直揪着投资失败不放的话，下面的人就会只想着不该投资。”

他强调说，在主导机会的过程中，即使失败了也要把它当作是财产，只有这样才能有挑战的氛围。上面的发言发表于2003

年 10 月，但是奖励失败的文化到现在也没有落实。

抢占先机是对未来的投资。三星的核心内容是“即使现在亏损也要促进十年后能够获利巨大的事业”，“发掘数据技术、多样素材等尖端技术”。为了能够抢占先机，他强调说“重视事业结构构图”，“撤出现在有赤字的事业，集中力量在随从事业上。强化随从企业的人力最终会带来结构调整的效果”。

（六）一等战略

“所有产品和服务都要以世界第一为目标。”

这是李健熙关于三星的一等主义的代表性发言，使三星的品牌成了信赖的代名词。一等主义是三星长久的 DNA。一等战略的关键词是“only No.1，提高质量价值，经济顾问动向分析，技术品质品牌最好”等。我们注意到了经济顾问动向分析。最好的经济顾问分析是比别人领先一步行动。市场里的第一名竞争非常激烈，因为大家都觉得自己像是第二名。

“一等产品不仅指量上的市场占有率，同时也有质量价值、收益率和品牌形象等，所有都需要达到世界最好水平。”

李健熙在 2001 年 1 月的发言，阐明了一等的条件。但是李健熙的梦想如今都没有实现，因为许多读者看到这句话的时候想到的是苹果公司。

“经营越困难，就越应该拓展眼界，为此我们应该好好研究事业所在国的历史、传统、社会等。”

不要忘了成为一等要重视人文学，发表于 2001 年 4 月。这句话成了三星地域专家制度的基础。派遣未来有望成功的人们去海外一年，了解当地的历史和传统、社会和文化，之后使这些人开拓海外市场，形成一个良性循环。

“展望未来和创造性再学习战略要成为企业工作人员的常识。这是最容易接近经营的方法之一。”

发表于 2001 年 6 月。因为当时是关于世界市场挑战具体化的时期，所以发表了这样的言论。创造性再学习战略是李健熙的商标。

“三星如此发展下去，全世界的企业都会猛扑过来。针对这种情况，我们要如何努力，通过怎样的战略防御，又要如何甩开他们继续前进？”

李健熙感到三星的成长受到了其他威胁。这句话发表的 2002 年 4 月，他身切感知到了三星的气势。半导体之后光盘部分也成了世界第一，TV、手机等也在世界市场看到了成功的可能性，李健熙就开始要求去准备以后的产品。他强调说第一要同时解决过去、现在和未来的课题。

“为了继续事业一定要往前走，不向前走最终就会被拖累。

相反，如果率先行动的话就能产生附加价值。”

2004 年 1 月的发言。如果不是第一名就无法生存。这之后诺基亚、摩托罗拉和索尼等的衰落证明了这一点。对于李健熙来说，持续可能性的前提条件是前进，即第一名。这对于所有产业都是一样的。

三星的核心内容是“产品和服务以世界第一为目标，扩大世界第一的品目”。包含有“一等是通过市场占有率、质量价值、收益率、品牌价值等评价的”等内容。为此他强调说“要向利润多的公司、世界一流的同类企业创造性学习”。并且提出了方针，要“始终掌握竞争对手的动态，并研究规模小但实力强的国家宽松的企业环境”。

要求“树立各企业一等促进战略”的同时，也要求“要比现在想的加快 50%，更加果敢”。另外不要忘记“拒绝冒险是一等企业惰性的红色信号”。

经营基础设施

企业破冰33法 的第三章是经营基础设施，由（七）信息化和（八）复合化组成。

（七）信息化

“具备适应21世纪的经营结构和系统。”

能够概括情报化部分的言论。要根据数字环境重新设计人才和资源等所有经营的资产。三星提出了“数字经营和数字基础设施，网上经营系统先进化，构造企业信息网”等关键词，并且强调了“IT经营管理，全球网络，针对手机的投资”等。

“为了能够不负数字时代的历史使命和国民的期待，要从三星开始进行数字革命并且薪火相传下去。”

出自于2000年1月的新年贺词。将数字时代看作和模拟时代不同的逐渐展开的经营环境，李健熙称此为革命。事实上三星已经超越了在模拟时代不敢追赶的日本企业，在数字战争的第一轮取得了胜利。

“第二次的新经营要集中力量，以坚强的决心促进将事业构造、经营观点和系统、组织文化等全部经营领域的数字化。”

同天发表的言论。预测到了数字的未来不只限于单纯的事业领域，要求所有部分都要根据数字时代来改变。

“想要对应新概念的顾客和产品，就要早日实现全部产业的数字化。21 世纪的系统竞争更加激烈。要全力构建网络手机时代的最简单数字基础设施。”

李健熙认为数字会改变顾客。他在 20 世纪 90 年代中期就已经预见到每一个顾客都会对经营产生影响，而数字化将会加快这一进程。顾客的变化也会影响到企业的行为和系统，他定义未来的竞争是系统间的竞争。2000 年 1 月，他已经要求大家开始为手机时代做准备了。

“构建从美洲到欧洲、从欧洲到亚洲的 24 小时研究开发系统，准备将全世界变成一个经营管理体系。”

三星电子的销售 90% 以上都在海外，从三星的立场来看，世界已经连为一体。本言论发表于 2003 年 1 月，成了 R&D 和所有部门的经营方针。三星现在正在代码化管理在世界上的所有资源。

“现在到了无论是个人或者国家，谁跟不上数字浪潮的话就会萎缩的时代，企业也会因此而消亡。”

2006年1月，他强调了数字时代的变化不是选择。他责骂说三星的数字化时代没有以他期待的水平快速发展。

三星的核心内容是"强化数字信息化"。为此具体制订了"适应21世纪数字环境的经营构造和系统构建"、"促进经营全部分的数据化"、"有关尖端信息系统的预备强化"等方针。他说第二核心的内容是"构建IT经营管理系统"。李健熙叮嘱说"要积极投资开发管理系统的电脑系统"和"通过地域间、部门间电脑系统连接，达到互助效果"。并且强调了需要"通过标准化系统构建24小时经营管理体制"。

（八）复合化

"通过复合化提高效率。"

复合化的核心语句。用一句话形容竞争力就是"李健熙法则"，在正文中有详细说明。但是复合化只用互助这一个词说明的话略显欠缺。三星提出的关键词能够帮助理解这句话的意义，如"互助效果、一石五鸟、追求效率、防止损失机会、同门同院精神、基础设施、汇流"等。具体实行时的关键词有"确保私人用地（工厂和公司房屋）、生产综合化商品、建设复合园区、大厦综合化、利用地下空间"。

"开拓海外市场时要一起努力开拓。一起开拓的话可以选拔相似水准的人，也可以共用基础设施。”

2001 年 5 月的发言。强调了共同活用基础设施、确保人才和规模经济等。

“因为都在水原（地名）完成所有的研究、生产、开发等，所以战胜了日本。这些都放在一栋楼里进行会更加有竞争力。”

“日本半导体企业之所以陷入困境，原因之一就是因为工厂和公司不在一起。”

李健熙通过半导体竞争证明了自己的复合化哲学。并且他连续两次强调了这一点。第一句话发表于 2001 年 8 月，第二句发表于 2003 年 10 月。他非常擅于通过将成功的经验一般化来变成事业的核心概念。

“一般来说用地是经常不足的。需要有更多的能够扩大的工厂用地。”

李健熙关于工厂用地扩大相关的方针。他就任会长以后，只看到了公司的成长，因此会理所当然地那样想。这句话发表于 2004 年，这之后三星电子也一直在扩大工厂。京畿道华城正在设置新的半导体生产线，在越南和中国的西安也建设了大规模的工厂。

“地下只能开挖一次，所以要宽敞一些，剩下的话留作他用就可以了。有些建筑建好以后不到四五年就不够用了。应该做得充裕一些。”

他在建筑建造方面也主张加入复合化概念。这句话发表于2006年，根据他的复合化理念建造了瑞草洞的三星电子大楼。

三星评价复合化：“半导体成功的原因是把R&D和生产统一在一个位置上。”这点同样适用于开拓海外市场。“开拓海外市场时，每个分公司都要选择临近地区，强化交流”；“投资海外时要和当地政府合作，最大可能地扩大用地”。并且提出了“在用地上发展大厦综合化的话更有竞争力”的核心内容。根据李健熙的讲话，可以得到“从一开始就要准备充足的用地”、“建设即使几年后也能充裕使用的大楼”等核心内容。

人事组织

企业破冰33法 的第四章是人事组织，由（九）核心人力、（十）能力主义、（十一）成果奖励、（十二）女性人力、（十三）活用专家、（十四）福利待遇、（十五）组织文化、（十六）人才培养、（十七）地区专家几部分组成。

（九）核心人力

“好的未来需要首先储备人才。”

在企业破冰33法 中占最大比例的就是人事组织部分，这其中核心人力排在第一，而这句话就是核心发言。但是就像正文中所述，对于人才经营而言，更重要的不是理解而是实行。三星提出了“S级天才级人才，三顾茅庐，不论国籍，头脑战争，确保世界人才，早期发掘，扩大实习采用”等关键词。

“企业最蠢的事就是有赤字，其次就是人才被抢走。但长远来看，说不定人才被抢才是更蠢的事情。”

李健熙是一个爱憎分明的人。赤字和人才流失是他不能忍受的。这句话发表于1997年11月。

“正向我们走来的21世纪是用大脑打架的头脑战争时代，优秀的人在左右着国家的竞争力。”

关键词中的头脑战争出自于此。发表于21世纪的第一个月，即2000年1月。他这样表达未来的战争方式。这之后他也经常强调人才的重要性。

“21世纪更重视创新能力和知识，所以人才才是企业最重要的资产，这些人才带领三星提高竞争力，他们的出现让三星的未来更加明亮。”

一年后的2001年1月发表。这之后的十年间，三星的人才们使三星电子成长为了世界级企业。

“S级的1个人比A级的10个人强，A级的1个人比B级的10个人强，这是经营的基础。”

“S级的人力不一定非和技术者相关，管理者中也需要这样的人才，人事、财务、总务也都需要。”

分别发表于2001年6月和2002年4月。是能够反映出李健熙重视优秀人才的讲话。

“不是把他带过来，而是把人家请过来。三顾茅庐将人请来以后，不应该是让人家适应我们的企业，而是我们要去配合他。”

2002年6月，李健熙提出了在引入外部人才时要以“三顾茅庐”的姿态。他强调说，引入人才后，要调整三星自身去适应这些人才。同时也发表了反对三星纯血统主义的讲话。

“不论国籍，要选拔出四十出头的国际化海外管理者。市场、管理、经营领域也要有这样的管理者。”

三星是以技术为中心的企业，海外人才也以工程师居多。但是李健熙强调要想打造全球化三星，就必须在各领域引入管理者。发表于 2002 年 8 月。

“扩大美国、印度及亚洲其他地域的技术人员，也要商讨利用当地人和外国人作为海外研究所的负责人。”

2004 年 7 月，李健熙下达了活用美国、印度及亚洲其他地域等技术供给主要地人员的方针。要从美国引进具备能够改变企业生态环境的工程师，引进印度的软件专家和亚洲其他地域具有基础技术的人才。这三部分人才都很难在韩国找到。

“21 世纪的经营是人才经营。是带领多优秀的人、带领多少的战争。”

2006 年 6 月发表，关于 21 世纪经营的李健熙式的定义。

三星的核心内容有 9 项，考虑到其重要性，将原文如下列出。

1. 21 世纪是头脑战争的时代

- 21 世纪的经营是人才经营，人才是最重要的资产

- 展望五年、十年，首先要优待人才
- 实现能够随心所欲发挥创造性能力的头脑天堂

2. 确保核心人力

- 在确保、培养优秀人才上下功夫
- 确保人事组拥有能够寻找到特殊人力和核心人力的专家
- 教育大家在引进人力的过程中不能违法

3. 何为S级人力

- 即使给社长工资都不为过的人才
- 在海外一流企业中享受特殊待遇的人才
- 除专业水平外还有人情味、智谋和名望的人才

4. 社长要三顾茅庐选拔

- 社长要亲自出面找到S级人力并聘用
- 社长要在评价项目上反映出确保S级人力的养成管理
- 对于核心人力，要关心到连家里情况都掌握的程度

5. 不计较人工费

- 为确保S级人才，提供最好的条件和待遇
- 和几个A级人力相比，1个S级人力更有效率
- 给得越多越能挑选到好的人力是三星成功的运作技巧

6. 不论国籍，果敢选拔

- 积极活用中国、印度和越南的头脑人力
- 培养中国和印度的S级人才，使研究开发战略化
- 在优秀人才国家设立研究所并确保人才

7. 除技术人员外也要选拔经营管理人才

– 除 R&D 以外，也要确保人事、财务等所有的人才

– 确保律师、IR（投资者关系管理人才。——译注）、财务等所有的人才

– 引进深入了解经营和技术的 S 级管理者

8. 从学生时代就提前选拔

– 提前确保能够录取到学习好又会玩儿的学生

– 通过奖学金初期培养天才级的理工科学生

– 扩大先进行教育训练再采用的实习式聘用

9. 不要让人才被抢走

– 和选拔人才相比，留住人才更重要

– 长期来看，人才被抢走是最愚蠢的

– 认识到三星人力被抢走是问题

（十）能力主义

“认真选拔人才很重要，妥善安排和照顾人才也同样重要。”

李健熙在此强调的是，根据人才的能力安排工作，发放报酬。总结一下能力主义的关键词，有“适材适所，提拔人事，三不缘传统，有功必赏，下属 5% 调整，年奖业绩配置，平时的结构调整”等等。1993 年，李健熙还曾说过：“我的哲学是，与其惩罚，不如更加优待做事做得好的人。”这句话说的正是“有功必赏”的原则。所以，除此以外，能力主义原则中所包含的关键

词还有“S级人力资源的反义词——F级人力资源”等。以上这些关键词大部分都是三星的人事制度原则。

“一般人们会觉得裁掉10%～20%的员工才算结构调整，所以，平时裁员把握在1%～3%这个范围内就好了。同时，合适的结构调整一定要确保上层员工的1%～3%。”

在外汇危机时期，三星进行了大规模的组织结构调整。2001年7月，进入恢复期以后，李健熙回顾过去这段岁月，给出了新的原则。李健熙萌生了这样的想法，如果平时能把公司的组织结构维持在一个最合适的状态，就不会发生必须进行的一次性的大规模结构调整。这里所体现的是平时结构调整原则。同时李健熙还强调，有力地确保上层人力资源会起到自动调整下层人力资源结构的效果。

“按照道德原则，清除有问题的扯后腿的员工，就好比拔掉坏掉的牙齿。假如有这样的员工存在，那问题不是他自己的堕落，而是这种状态具有传染性，会传染给他身旁正在努力工作的员工，从而导致公司整体的士气降低。”

在2002年7月的这段发言中，李健熙强调了不道德性所具有的传染性。这段话中，李健熙的独创词语“扯后腿”，指的是阻碍组织前进的人。李健熙曾说，无论哪个团队，都会有5%左右的员工属于扯团队后腿的那一类。三星检查组的核心任务就是找出这些扯后腿的员工，并予以清除。

“从人性的角度来说，给员工好的待遇，即使人工费上涨，公司所获得的利益也会更大。可能在2～3年内收益会不怎么样，但是要知道它正在经历一个逐渐变好的过程。”

2007年4月，李健熙发表了以上关于人性待遇和实际业绩关系的讲话。这句话的言外之意是，对员工我们需要进行长期的人性的投资。

“虽然选拔人才很重要，要适材适所，根据人才的才能给人才好好安排工作岗位，但持续地照顾人才也是很重要的。要通过合适的管理使人才得以安定。但是我们好像忽略了后续步骤，只在选拔人才上费心思。”

虽然三星的少年团有很多人才，但中途离职的人才也很多，尤其是从海外引进的人才。这段话正指出了以上的问题。以上发言是在强调人性待遇重要性的那场会议上说的。

对三星能力主义确立的关键内容总结如下。首先“5%的下层员工需要不断更新”，其方针即“通过整顿C级人才来使A级人才的能力得以发挥，为了达到以上目的，平时要进行1%～3%的小幅度组织结构调整”。除此以外，“要从道德理念出发，每年都对人才进行持续性的整顿”也是能力主义的核心内容。同时，能力主义还强调“将引进的人才按照‘适材适所’的原则进行工作分配，让他们最大限度地发挥自己特有的能力，企业也需要为这样的人才的安定营造合适的组织文化”。最后需要强调的是，要尽量做到不让原本就是三星出身的人因为引进的新人才有被忽视的感觉，“营造能让现有员工的实力得到提升的公司氛围与确保人才同等重要”。

（十一）成果奖励

“奖励有成果的员工力度要比奖励社长大。”

这是李健熙关于成果奖励的代表性发言。实际上，在三星这样的例子非常多。总结一下三星成果奖励的关键词有“次等奖励，上厚下薄，维持与竞争对手的差距，胡萝卜和鞭子，业界最优，多样化的激励制度，组织活性化”。

“不给最一流的人才最一流的年薪，那么他就成不了一流。应该是S级、A级与C级、D级保持几倍的差异。”

2001 年 6 月，在李健熙做了以上发言之后，三星职员间的工资差距拉得更大了。依照李健熙的想法，得到的工资多就应该做相应多的工作。但是，最近行动经济学研究的最新成果显示：当达到一定的水平以后，影响员工工作成果的最大因素不再是工资，而是劝勉激励其进行自我实现、实现自我价值、进行挑战等氛围。当然，在达到那个水平之前，工资差异还是影响业务成果的最大因素。

“一流的公司是，即使面对有一些人才所得到的月薪和社长一样的状况，我们也不会感到奇怪。”

喜欢极端表达方式的李健熙在 2001 年 7 月又揭示了一条成为一流公司的必要条件。让职员中的一部分人年薪水平和社长保持一致，这才是自然状态下的公司。

“同年进入公司的员工，他们之间的收入差距能够有三倍，而后辈员工可以是前辈的五倍之多，只有维持这种让员工充满斗志的氛围，品牌才能鲜活起来。我们公司的待遇应该要比同行业其他公司高出 20% ~ 50%，现在反而存在（我们员工的待遇）低于其他公司待遇的情况。比起提高待遇，我们更应该消除 C、D 级的存在。”

2002 年 7 月，李健熙指出了三星工资的指标线。从内部开始拉开员工的工资差距，以此来保持组织结构的活力。同时，从外部来看，三星要用高于业界其他公司的工资待遇，使人才源源不断地流入三星。以上两条就是这一部分的核心方针。

“如果一个团队中有那种睡醒了精神抖擞的人才的话，要奖励他们。因为只有这样，这个团队才会产生活力。”

“如果我们想要赢，就应该动动脑筋。这句话的意思是说，我们要改变氛围，多引入一些能够有所创造的员工，并提高他们的工资待遇，为他们引进激励制度系统。”

以上分别为李健熙 2005 年 4 月和 2006 年 5 月的发言。

李健熙再次强调了引进激励制度系统的重要性，并指出虽然三星正在推进这个项目，但是仍做得不够好。正是三星使很多骨干职员的年薪达到了数十亿、数百亿韩元。

该部分三星的核心内容可以总结为“根据业务成果实现薪酬的差别化”。这里面所包含的内容是，“若将人工费上调 50%，并以此来武装 S 级和 A 级员工的话，公司的收益会增加”。除此以外，“只有与业界其他公司相比，工资待遇高出 20% ~ 50%，才会与他们维持一个比较好的差距”。当然，不容忘记的是，“要好好管理从别处挖过来的技术人才”。关于激励制度，值得强调的一点是，不要千篇一律地引进激励制度，而是要根据自己公司的实际情况，使其能发挥最佳的效果。

（十二）女性人力

“积极利用和保障优秀的女性人力。”

李健熙早就发现了女性人力资源的力量，要求并鼓励确保一定数量的女性人力资源。但是在以硬件为中心的三星，女性发挥力量并得到稳定发展的空间并不大。可以说，女性人力资源是三星待解决的一个课题。“排斥性别差异化，女性优势，消除偏见，公司内的儿童之家，关心和照顾组织定居”等是三星的关键词。

“好几年前，我就开始让公司选拔女性人力资源。但也许是公司没能为女性员工创造合适的气氛，很多女员工离开了公司；

还有的是借由生孩子离开了公司；当然也有因为没能妥善解决定居问题而离开公司的。女性资源的流失可以说是国家资源的浪费。应该给女性和男性相同的工作待遇，让女性进入职场与男性并肩工作。”

以上是李健熙 2002 年 4 月的发言。由以上发言我们可以发现，李健熙充分认识到了三星没能妥善充分利用女性人力资源的问题，并初次下达了相关方针，即让女性和男性在相同的条件下工作，并在相同的条件下得到工作评价。

“应该在技术、制造、营业等整个经营过程中灵活运用女性资源。有一点野心的话，当然能具备 6:4 的男女比例就再好不过了，最少也应具备 7:3 的男女比例。我们应该了解现在三星各个公司的女性资源状况，并了解过去十年三星的女性资源利用状况，思考我们该怎样去改变这种状况。除此以外，我们还应该了解国内外业界针对这个问题采取的措施，找出在这个问题的解决上有突破的公司，并进行创造性再学习。”

女性是在消费三星产品时的决策者，具备与男性不同的感觉及韧性。李健熙掌握了女性的以上优势，于 2002 年 9 月再次强调灵活运用女性资源的问题。

“我们还应该扩大公司内儿童之家的规模。对此进行讨论时要展望十年后。尽快在五年内，搞好公司的形象，以此鼓足我们员工的士气。”

两个月后，李健熙下达了扩充儿童之家的指示。李健熙之所以强调这样的措施有利于三星的形象改善，和他的“一石五鸟论”有着很大的关系，即如果通过一件事可以获得各方面的有利影响或者改善效果，就应该立刻实施这件事。

三星表示，“对女性的关心不是一时性的，而是要为女性在职场的稳定而不懈努力”，“消除性别差异”，这是三星核心思想的一部分。

“为了在早期确保优秀女性人力资源，应该从高中阶段开始确保发现优秀女性人力资源，并进行系统性培养。”这是三星下达的方针。并劝说三星“为优秀的理科女学生提供奖学金，在其毕业后录用她们在三星工作”。除此以外，还表示，“为了改善工作条件，需要扩大儿童之家、育儿休假、居家办公等政策的规模”。

（十三）活用专家

“只有活用专家才能有效提高经营质量。”

李健熙认为要是没有技术的话，就应该引进人才。因为李健熙很早就发现，与在技术开发方面所投入的资金和时间相比，通过引进人才来解决技术开发问题所花费的资金和时间要少。三星灵活运用专家的关键词可以概括为“确保专门技术，技术秘诀，节约时间，提高经营质量，年轻顾问，活用咨询，资本主义本质”等。

“下层的业务都让职员去做，我们要减少自己的业务，制订具有头脑的战略。”

这是李健熙 1999 年 3 月的发言。理想主义者李健熙从 1993 年开始就这样说。李健熙的意思是，三星的未来应该是一个头脑集团、知识集团和创造力集团。2000 年中期在美国开始出现这样的公司。

“从别的公司把专家挖过来似乎一时花费比较大；但是，从长远来看，从实际来看的话，我们挖来的专家缩短了我们的开发时间，反而压缩了我们整体的开发费用。”

关于引进专家的理由，李健熙在 1999 年 5 月的一次发言中做出了解释。李健熙在发言中指出，引进专家不是一种名分，而是根据彻底的计算得出来的结果。从这里我们可以看出李健熙的实用主义思考方式。

“我们现在要引进的顾问不应该是退出职场的人，而应该选拔年轻人，活用年轻人使其成为我们工作线上的骨干，我们还应该给这样的年轻人超出一般水准的待遇。”

以上言论，李健熙发表于 2001 年 8 月。要知道，数十年以来，李健熙都是从日本引进退出职场的顾问的。李健熙敏感地觉察到，这些卸任的日本顾问所能给公司带来的附加价值开始不如过去。当今时代需要的是创造性，李健熙开始寻找思考方式灵活不僵硬的外部人才。

“很多日本人为来韩国工作而感到不安。为了引进人才，甚至要去见他们的妻子，告诉她们‘韩国是一个比较适宜生活居住的国家’，以此来说服她们，这样会在劝说诚意方面为我们加很多分。”

李健熙于2003年12月说的话。李健熙深知，要想让男人换工作，说动女人的心也是很关键的一点。由此我们也可以看出李健熙对细节的执著追求。

“我们，以及与我们共事的专家们，都应该有这样的认识：我要对工作现场（的情况）负责任。我们要达到感受到自己责任的程度。”

三星是一个外部来的人才很难轻易融入的企业集团。这源于三星拥有独特的企业文化。2004年6月，李健熙通过以上发言强调了专家们应具有的责任感，同时也传达了三星内部应该积极接受、使他们尽快融入三星这个大家庭的信息。此处三星的核心内容是“应该灵活运用专家”。这句话的意思是人性地对待各路专家，有效率地灵活运用专家们所具有的能力。为此，李健熙强调：“给年老的顾问以他们应得的待遇，使他们得以妥善地离开公司；然后将S级、A级的有实力的年轻顾问安插在这些老顾问的位置上。”除此以外，李健熙还筹划了“简单的业务要灵活地交付于职员”这样的方针。同时，还指示“底层的业务让支援去做，直接聘用有优秀能力的人力资源，或者将其安插到子公司进行活用”。

（十四）福利待遇

“贮备多样的福利待遇。”

三星公司的福利厚生政策目标是为了强化公司的信任度。强调以上观点的代表性发言是李健熙于2004年8月所做的讲话。李健熙说，对公司员工的福利政策不能将其视为一种花费，而是应该看作一种投资。这里所要指出的三星的关键词是“提高生活质量，满足员工，满足员工家属，最好的衣食住条件，愉悦的工作环境”。

“越是困难艰辛的时期，高层越应该把员工放在首要位置，关心员工，只有这样员工才会觉得‘原来公司高层一直惦记关心着我们呀’，这可以说比其他任何事都重要。”

这就像外汇危机以后面对开展的大规模机构调整所做出的本能反应，李健熙于1997年7月说了以上一番话。公司应该做到不仅是员工的藩篱，还是员工的保护壳，以此提高员工对公司的信任度。

“福利设施不足，应该加以补充。正在建造的福利设施应该尽可能建得大一点。因为即使建得比较大，五年过后还是会变得比较紧凑，所以应该建得大一点。”

三星的实际业绩急剧改善，李健熙于此找到了发展空间。这段话说于2004年6月，我们可以看出李健熙对于公司成长的确信。

“浦项制铁公司当时建了很多跨时期的附加设施，甚至建立了电影院和文化设施，然后就听到了离职率降低的消息。现在的年轻人，不会说你给他建一间便宜的房子他就会想去遥远偏僻的农村的。”

这是在2006年3月，地方工厂猛增时期说的话。以浦项制铁公司为榜样进行学习，强调要多为员工建设文化设施，来避免员工离职的状况。

“在设计食堂的时候，排气换气的设计要比一般的食堂强3～5倍，以此来消除食堂的气味。无论去哪个工厂视察，都没有发现能做到这一点的食堂。”

李健熙于2006年4月说的这番话，又让我们看到了他对于细节的执著。

这里所要指出的三星的核心内容是“提供最好的福利设施”。这强调的是“只有提前提供较好的福利，才能防患于未然”。这里的“患”指的是工会的设立，以及劳资纠纷等等。再就是“扩大公司内部结婚场地的灵活运用，为公司职员提供便利”，还劝告我们“以福利厚生制度建设比较好的公司为榜样”。当然，李健熙还下达了“建设福利设施的时候要展望未来，尽量建设得大一点”的指示。

（十五）组织文化

“认识到劳资纠纷直接关系公司存亡。”

李健熙认为工会缺乏效率。在李健熙看来，如果产生了组织，职员们就会有所诉求，在此过程中，产生纷争是必然的。在李健熙看来，善待员工，使其感受不到工会的必要性，这才是解决问题的方法。在这种想法演变为古板的方针的过程中，三星公司也产生了劳资情结。

这一部分体现出的三星企业的关键词是“培养共同体意识，没有劳资纠纷的经营哲学，决定公司成败的直接因素，相生经营，劳资纠纷的解决，劳资管理，劳资教育，确立企业观，共存共赢，管理手下员工的心，社会贡献”等。

“未来，步入21世纪以后，依靠劳资矛盾或者是劳资纠纷以求获得生存将不复可能。劳资应该和谐共生，应该产生共同体意识。”

李健熙说，21世纪是一个即使没有其他变数，也无法保证企业仅仅通过激烈的竞争就能确保生存的时代。在这种情形下，因为劳资纠纷将会在竞争中成为致命的一击，所以李健熙主张用共同体意识来解决当今的劳资问题。以上语录来自李健熙1997年2月的发言。

“现在很多企业倒闭了，或者正被推向经营危机。我们应该注意在这个倒闭的过程中，劳资活动或者动向对公司经营会产生怎样的影响。”

1997年9月外汇危机发生之际，很多企业面临困境，李健熙不仅时刻关注着这些处于危机的企业的财务机构和事业机构，还时刻关注着他们的劳资动向。公司一旦陷入困境，经营状况越难，劳资纠纷激化的程度越深。与此同时，经营环境会更加恶化。李健熙对处于危机的企业的劳资动向的关注，其实是在提前寻找预防劳资纠纷和经营环境恶化之间形成的恶性循环的方法。在这个过程中，李健熙认为不应该仅把创造性再学习做得好的公司当作关注对象，还应该研究产生问题的公司，以此为实例，寻找怎样把这些公司产生的问题防患于未然的方法。

“以新劳资对象、产业和平奖等对外颁奖为契机，分享劳资合作事例，将其灵活运用到企业教育方面。”

2000年12月，李健熙作了以上关于劳资问题的发言，他认为劳资问题也要通过创造性再学习来得到改善。

“所谓的企业，它的存在本身就是社会贡献。分配原是国家

做的事情，而企业也应该知道，企业的义务是提高其职员的福利待遇。”

直至2001年4月，李健熙的想法还是这样的。企业要通过提高其职员的生活质量来充分发挥自己的社会角色。针对当时过分强调企业的社会责任的大环境，李健熙说出了自己的想法。这段话在很长一段时间里被当作三星的意识形态，在三星具有很重要的地位。

“企业、经济研究所、各公司、拥有失败经历的人们要协力将劳资问题、环境问题等众多问题防患于未然。”

在出现了关于复数工会（在一个企业里成立两个以上的工会。——译注）言论的2005年7月，李健熙把各个公司的经验集中起来，指示大家要留心那些在未来可能要发生的问题，防患于未然。

这里要指出的关于三星的核心内容是“应该帮职员树立企业观”，“提高对资本主义市场经济企业的理解”。再就是，为了摆脱一直为大家关注的劳资问题，“应该认识到，劳资矛盾直接决定着公司的存亡”，同时下达了“要根据不同水平的国民收入所得群体的特征，来解决问题，并防患于未然”的方针。李健熙还劝勉道：“事前应考虑到所有的情况，想好对策，做好彻底的准备。”

（十六）人才培养

“强化领导教育，进行有体系的经营者养成教育。”

三星是以技术人员为中心的公司，为此三星也在教育方面做了很大投资。李健熙曾强调，教育很重要的一点，是让受教育者从小就具备做领导的素质，带着这种素质成长。三星人才培养的关键词可以概括为“系统地培育经营者，强化领导教育，扩展经营眼光，人性教育，多样化的时代性教育，自豪感，教育训练，优秀企业研修，标杆学习”。

“未来，二三十岁的年轻人怎么实现数字化是一个关键。我们应该多引进这样的人才，并委托大学多进行数字教育。”

这是李健熙于 1999 年 3 月的发言。李健熙的以上担忧可以说是杞人忧天了。韩国二三十岁的年轻人可以说是全身心地投入到数字化这股横流中了。在数字化时代突显的更重要的问题反而是模型性感觉的缺失。

“在 21 世纪，一个天才可以养活一万个普通人，在信息化知识社会中，提高创意性教育水准比什么都重要。”

两年后的 2001 年 1 月，李健熙强调了创意性教育的重要性。但是至今为止，三星仍旧没能成功攻克这一课题。所以，三星还是在硅谷设立了研究中心，软件开发等对创意性附加价值要求比较高的领域，大部分还是要在研究中心进行。连音乐app“milk”都是在硅谷制作完成的。

“所有的经营都是越来越难，而且对眼光的要求也不断变化，所以，需要不断地旅行、学习。除此以外，最重要的是，我们要从大的方面了解我们设立事业的国家的历史、传统以及社会等等，与此同时不断地学习发展。”

李健熙切身感受到了理解人的学问——人文学的重要性，于是在2001年4月说了以上的话。正式开始开拓海外市场，并揭示了开拓海外市场的必须条件是理解当地的文化。这一点通过后面将要讲的地区专家制度得以具体化。

“强化部长、科长教育，划清ABC等级，特别是对A级要进行教育管理。”

在企业中，科长以上就被称作领导。李健熙上面这句话的意思是分层次的管理领导。以上话语来自2003年2月的发言。

“我们在进行职员教育的时候，要教会他们怎样从结论开始回答问题，并要做好这方面的教育样本。”

李健熙是一个急性子的人，似乎非常讨厌从绪论开始进行长篇大论的说话方式。虽然上面这句话来自李健熙2003年7月的讲话，但是其实1993年李健熙就已经作过相同的发言了。三星曾一度兴起报告书文化改良运动。根据三星的要求，报告书的制作规定在一张A4纸内，要一目了然，要让人从乘上电梯后、下电梯之前就可以看完。

“针对大学毕业生、研究生毕业生这样的新职员，与其让他们工作，不如让他们学习，给他们继续学习的机会，要在五年之内把他们培养成我们需要的人才。”

三星的一个领导曾经说过:“三星的竞争力在于，在需要10个人才的地方，我们会为其选送11个聪明优秀的人才。”这句话的意思是，在三星总会有一个人是在接受教育。所以，这个领导的言外之意是，只有提高整体的水平，才能保持竞争力。上面所引用的话来自李健熙2007年4月的发言。

下面总结一下三星的核心方针:“运营士官学校式的社长、副社长培养过程”。针对新职员深化进行“经营眼光、礼仪、素质等方面的教育”。不容忘记的一点是，即使各个公司分别进行教育培训，但教育培训的内容是由企业统一管理的，要“维持统一性”。除此之外，还需要指出的一点是，在对新职员进行教育时，“进行入门教育要注重系统详细地进行人性教育”，而且需要“进行能反映新一代人思考特点的价值观教育”。

（十七）地区专家

“展望十年，战略养成。”

三星独有的地区专家制度在三星开拓世界市场的过程中发挥了重要作用。所谓的地区专家制度，是指被派往美国或欧洲、东南亚地区中的一个国家一年，在那里了解该国的文化和历史，并与当地人进行接触交流的项目。这些被派往海外的人，将来需要在其被派遣的地区做当地的市场开发、宣传等业务。当面对要将这些人派往哪个国家的问题时，李健熙说，这个要战略性地决定。这句话的意思可以这样解读，地区人才派遣要展望十年后的变化，为未来储备人才。

下面我们总结一下，三星的关键词是“为十年以后做准备，国际化经营，一石五鸟，A级人才选拔，语言能力，有计划地培养，因材因地适宜，战略地域扩展”等。

“派遣出去的地区专家回来后，正按照预定目标进行工作吗？例如从日本派遣归来的人，有没有正在从事美国方面业务的，这个应该了解清楚。”

1997年12月，李健熙逐渐开始关注，被公司派遣归来的地区专家们是不是得到了良好的管理。这句话的意思是说，对人的投资的回报和其他投资是一样的，应该得到同样的重视。

“我们应该选拔十分优秀的人才派往海外做地区专家，并且要扩大地区专家选拔的规模，这个规模比现在要大两倍以上。5～10年后我们会更加需要这样的人才。”

在三星，被派往海外做地区专家的机会只给少数人，只有优秀的人才才能有机会被派出去。这正是李健熙想法的体现。李健熙说以上这些话的时间是2002年6月。李健熙的预想非常准确，三星在之后的十年间成长为了全球性的企业，对海外人才的需求量也大大提升。

“我们要重新推进分析包括印度、中国在内的各个国家，甚至要深入立体地分析这些国家的国民性。从现在开始，要有计划地培养地域专家。”

2004年2月，李健熙关注到了渐渐崛起的印度和中国。印度和中国如李健熙预想的一样改变了世界经济的版图。李健熙以上发言传递的信息是，我们需要为掌握十年后、至少是五年后的市场变化而付出努力，还需要为此储备人才。最近，三星不再选拔研究中国地区的专家，而是开始将中国进行细分，选拔研究中国各地域的专家，例如上海专家、香港专家、西安专家。这是因为中国国土辽阔，不同的地域文化市场不同，而且语言也不尽相同。

“地区专家本人也是在什么也不知道的情况下被派出去的，他们自己也没有目标。我们应更慎重地对地区专家进行管理，减少派往美国、欧洲的地区专家，增派前往印度、越南的地区专家。”

2007年4月，地区专家制度呈现出变质为一般性海外研修的征兆。李健熙及时地就此发出了警告信号，并指出越南和印度是战略性要地。实际上，三星正在印度引进软件管理人才，同时也在越南建了大规模的手机工厂。

总结三星地区专家制度的核心内容如下："战略性培养"。具体内容包括"制订展望十年后的计划，选拔优秀的具有资质的人才，根据当地的特征进行差别化的经营"等方针。从地域方面来看，"要为十年后进出中国和印度的市场而储备现有人才的两倍；同时也要扩大印度和越南的人才储备量"。除此以外，还指出"以地区专家身份派往海外的人，要熟练掌握被派往国家的语言，要具备可以用派往国家语言开会的实力"。

研究开发

企业破冰33法 第五章研究开发主要围绕（十八）重视技术、（十九）确保技术、（二十）开发名牌等三方面展开介绍。

（十八）重视技术

“即使经济赤字也绝不减少研究开发投资。”

李健熙认为技术中出经营。三星将“先行投资，技术霸权时代，创造性再学习，管理者的技术认知，CTO（最高技术负责人），金融服务的 R&D”等选定为重视技术项目的关键词。

“大力推进技术开发及引进。如果技术开发不到位，公司 2～3 年内必将遭遇难关。”

这是 1998 年 2 月外汇危机肆虐时李健熙的讲话，警示企业避免因结构调整和经济环境低迷而减少技术开发投资。

“大力强化金融公司的 R&D 职能。对错误认识的分析与修正，均属于技术公司 R&D 范畴。金融当中虽无 R&D 可言，但却存在着创造性再学习这样的字眼。”

这是2002年4月和5月的一段发言。李健熙一直不满意三星的金融公司如同制造公司一样发展迟缓。他不断要求通过三星擅长的创造性再学习来改变金融公司现状。同三星电子相比，三星金融还停留在极为落后的水平上。有评价认为，三星金融业以文化呆板的三星生命为中心，这本身就具有极大的局限性。就连李健熙也是无法改变三星生命的。

“将资金投资增长和R&D投资增长的比率相加，便是经营者的成长投资。”

2004年6月的发言中提到，合理调整设备投资与R&D投资的比重，寻找企业成长所需的最优比是管理者不容懈怠的职责。同时告诫我们要防止两种错误倾向，以免浪费宝贵的时间：一是原本可以用想法解决的问题，但却斥资购进昂贵设备；二是在需要果断投资或引进人才的时候，执著于盲目的自主开发。

“即使出现赤字，也决不能减少R&D费用，反而应当增加。”

2005年6月，李健熙提出克服赤字的最快方法并不是结构调整，而是投资。

“不懂技术，便无法顺利实现经营管理，最后只会照搬照抄。”

这是出自2007年4月的发言。不光是工程师，经营管理者也需要懂技术。只有理解了产品的本质及其发展过程，才能对公司的各种资源做出合理分配。

“粮食不足的话，可以把明年农作的种子也吃掉吗？研究开发费用就如同保险，想要获得最大收益，就必须要有最大投入。对此，需要给予开发者们随心购买使用世界最高级产品的权限。”

综合体现李健熙对于研究开发哲学的一段讲话。三星提出将“经营者懂技术”作为核心内容。对此，需要懂得“领先的技术实力既是竞争力的核心，也是附加值的源泉”，强调“技术开发水平取决于管理层的重视程度”，并要求“在经营管理中引进 R&D 理念”。其中还包含了“大幅提升金融服务中的 R&D 职能，理解经营也是通过 R&D 发展的一门管理技术”等具体内容。同时建议“即使经济赤字，也需扩大 R&D 投资，为了在投资竞争中更胜一筹，建议在 R&D 中引进先行投资的概念”。

（十九）确保技术

“确保技术要按照合作—互助—选拔的顺序依次进行。”

2001 年 5 月发表的这句话是展现李健熙确保技术秘诀的核心语句，贯穿三星的成长过程和发展脉络。合作是带来技术合法化、规模化的有效方法。 三星在电子产业刚刚起步的时候，同大部分的电子企业都建立了合作关系。如果合作无法实现，再通过技术互助，确保核心技术，如果连这也不能如愿，再选拔技术人才。

三星提出将“M&A 力量，技术互助，人才选拔，无形资产，设立海外研究所，技术费用，引领标准技术，防止技术外流”等作为确保技术的关键词。

“展望未来十年，为推动技术开发成为世界标准，扩大企业无形资产，集团的经营管理能力需得到进一步提升。”

1997年的新年致辞中提出了关于未来技术的关键词，即“十年，世界标准，无形资产”等。

“设备企业向现代和三星一同交货，虽然据企业所言，各自都有其单独的负责人管理相关事务，但实际区分起来，这是存在一定困难的，最后必然将导致安全问题。”

李健熙于1999年10月所说的这句话，在很长一段时间内被作为三星的外联企业管理原则。其具体内容是，如果希望向三星提供货物，那么便不能与其他企业交货。因为通过外联企业，很可能会造成技术的外流。在此原则之下，外联企业的销售客户无法实现多元化，如果三星取消订货，便会陷入危机。从三星的立场来看，这是理所应当，但之后却成了大家争论的焦点。

“21世纪即将成为数字技术和文化花蕊竞相开放的数字革命时代。数字时代需要一套根本上有别于模拟时代的全新法则。”

这是2000年新年致辞中关于准备数字革命的讲话。根据时代的发展变化，三星所需技术也将有所不同。为强调应该尽早做好相关准备，这段发言也纳入了确保技术的项目当中。

“因我们在录用合适的技术人员方面存在一定的界限，所以更要加强对本土研究所的运营管理。”

2001 年 5 月，李健熙提出建立全球研究所。因为在他看来，很难从国内获得数字竞争中的制胜法宝。

“想做 R&D 就必须慎重的考虑这是否是优秀人才的聚集地。”

李健熙认为光用钱是吸引不了人才的，除此之外还必须要有像样的环境。这是他在 2006 年 2 月提出的观点。

三星提出将“M&A 专家队伍的建设研究，推进探索新项目，技术互助时虚心学习的态度”作为确保技术项目的核心内容。同时强调“在与外联企业的合作中，防止技术外泄，为引领下一代技术标准，积蓄数字技术力量”。“纳米技术、传感技术、环保材料技术”被选为未来新技术。在研究所建设方面，制定了“先进研究系统的创造性再学习，城市中心附近建立研究所，确保优秀人才”的方针政策。

（二十）开发名牌

“开发顾客和市场需要的最高技术，并将其商品化。”

李健熙提出“三星产品的指向是名牌”。三星将“最好的产品服务，世界第一的商品，最好·最早·最大，先进产品比较展示会，顾客和市场的需求，新产品商品化，本土第一战略，零部件一流化，核心部件国产化”作为开发名牌项目的关键词。

“举办先进产品比较展示会有什么作用呢？通过亲身观察体会，可以弥补自身缺陷，促进灵感的迸发。”

1999年8月，李健熙向社长们询问了举办先进产品比较展示会的效果。其中最重要的单词便是观察体会。李健熙认为通过此活动积累的经验与信息，其效果虽不会马上显现，但在今后新产品制造，以及新项目起步时，会有巨大帮助。

“尽快实现核心部件国产化十分重要。对于我们能做的事情、耗时间的事情，还有现在起需要开发的事情，我们都必须要有所准备。”

李健熙认为零部件产业是电子产业的基础。他于1999年8月提出了系统的零部件国产化战略。

“陈列展示先进产品，事后反思得与失，并加强对S级、A级产品的全力改造。要有这样的觉悟才能继续得以生存。”

2002年10月，李健熙再次强调了先进产品比较展示会的重要性。他认为体验先进产品的同时，发现三星产品的不足，便可知晓需要选拔哪个部门的人才。同时担任此项工作的经营管理者也要时刻具有紧迫感，才能在激烈的竞争中得以幸存。

“强化设计和 R&D 活动，比竞争对手更早实现新产品的商品化。”

2003 年 8 月，李健熙深感产品周期不断加快，对此提出设计和 R&D 也需增速。

“要想制造出好的产品，必须要有好的零件。哪怕只有一家公司，也绝对不能接受 1.5 流、二流的零部件产品。”

2005 年 1 月提出了零部件一流化的口号。这正印证了他的那句主张——电子产业的竞争力关键取决于零部件的竞争力。

“不管什么原因，只要让消费者感到不便，那就是错误的。添加新的功能或去除已有功能都必须充分试验，慎重做出决定。”

这是 2007 年 9 月的一段发言。不满于现状的李健熙既希望新产品能够尽快上市，又想向消费者提供满意完美的产品。他认为这也是成为名牌的条件。

三星将“开发世界最好产品”作为其核心内容。为此三星制订了“开发顾客和市场要求的金牌技术产品，扩大世界第一的品目，全身心投入新产品开发，并先于竞争对手完成新产品商品化”的方针政策。同时强调“因零部件产业作为所有电子电器产业的基础，属于高层次的人才密集型产业，对此需要广揽优秀技术人才”。就先进产品比较展示会而言，它绝不是形式主义的活动，作为三星自我定位的契机，每年必须在更多的工厂加以推广。

制造生产

第六章制造生产部分将围绕（二十一）最好的品质、（二十二）环境安全、（二十三）采购艺术化三个方面进行阐述。三星具备世界最强制造能力的秘诀也涵盖其中。

（二十一）最好的品质

“最好的品质定胜负。”

这是1993年促进新经营时期，将品质不良比作毒瘤的一句讲话。三星将“绝不允许不良品质，差别化战略，最好的产品与服务，预防不良，节省成本，设备国产化，提高收益率，最后质量把关，VOC，提高生产效率，设施投资”等作为此项目的关键词。

“不管遇到怎样的困难，也绝不能在产品品质上让步。”

这是1997年2月外汇危机肆虐之前的发言。一件电子产品需要由数百的零部件组合而成，如果其中的一两个部分存在缺陷，那么必然会带来产品的质量问题。要想改善此类状况，必须提高产品单价，虽然这很容易失去产品的竞争力，但是李健熙坚决认为对此无法做出让步，三星内部也无任何反对意见。

“自主开发产品的生产设备，使其具备优于他人的设计，从而生产优质的产品，提高生产效益。”

1998年9月，为了确保优质的生产技术，三星提出了设备的自主开发。由于产品的性能取决于设备的优劣，所以出现了直接制造生产设备的想法。有人认为，三星只有制造出适合自身的机械设备，才能实现产品的最优化。但是由于设备生产和产品制造各自需要的诀窍完全不同，三星在设备领域一直没能获得成功。

“现在单纯制造和销售产品的时代已经成为过去。当今时代需要的是如何做到标新立异，并从质量出发，生产出满足顾客需求的商品，以赢得最后的胜利。”

1998年10月李健熙宣布卖方市场已转变为买方市场。提出了“差别化，质量，顾客的需求”等符合新时代特点的产品关键词。生产技术也应随着时代发展同步更新。

“在不考虑经济繁荣与萧条的情况下，相比设备投资，在提高效率的基础上，光凭补充投资也能使生产效益提升30%、60%、90%。这便是效率的重要所在。”

李健熙在2001年5月的一段讲话中提出，如果具备良好的生产技术，即使不进行设备投资，也能提高生产效益。同时强调，在不受经济影响的条件下，活用生产技术，努力提高效率。

“出现不良产品是绝对不允许的，因为这就相当于给三星抹黑。”

1993年李健熙将不良品视作毒瘤。2004年6月再次强调生产不良品就是蛀蚀三星品牌的恶劣行为。

“21世纪需要消除低质残次。即逐渐取消服务中心，推行全新的服务概念，是21世纪的经营管理新方法。”

出自2007年9月的一段讲话指出，这是一个全新的挑战，想要达到消除服务中心的高水平，就必须保障产品质量。但现在三星在全国各地仍在建设大型的服务中心。

三星将“最好的品质定胜负”作为其核心内容，并为此强调“做好最终处理、最终加工等细致的收尾工作”。为提高生产效益，还提出“提升收益率和减少成本决定了生产竞争力，选择仅次于设备投资的生产效益管理方法”，并补充说道“通过管理教育、预防低质残次等措施来降低成本的努力也十分必要”。同时指出“自主开发主要设备”以及“生产技术能力取决于机械设备的设计能力”。对此下达了“自主开发主要设备，提高产品质量和生产效益，研究考证为开发生产设备而设立全职机构和子公司”的大致方针。

（二十二）环境安全

“作业现场安全第一。”

李健熙十分重视安全，强调安全是作业现场的第一要领。实际操作中，三星的安全事故也在大幅减少，但大多数人是否持有同样的想法仍是一个疑问。三星提出将“安全教育，安全的产品，环保材料，杜绝人员伤亡事故，适宜的设施，日常安全检查，企业的生存条件，环境保护，超能产品开发”等作为环境安全项目的关键词。

“一次火灾就可以使化学产业彻底完蛋。绝不做出现安全事故的生意。”

“做生意的目的难道是为了伤害别人吗？必须严把安全关，杜绝安全事故。”

1997 年 1 月和 1999 年 4 月发表的这两段话，表现了李健熙特有的说话方法。使用“完蛋”“绝对”等极端性词语来强调安全的重要性，灵活运用反问句法以提高大家的警觉之心。同时将防止事故发生作为评价经营的一项重要指标。

“绝对不能出现安全事故。无论多小的事故，只要由我们引起都将责任重大。安全问题必须着重检查。”

2001 年 6 月，李健熙意识到韩国的社会氛围正牵制着三星的成长，对此他要求更加重视安全问题。

“为解决环境问题，需要加大对环保材料、环保建筑的研究，并认真做好环境实验。对于此类研究，力争未雨绸缪，提前准备，以及时预测未来新情况。

2006 年 11 月，环境问题逐渐成为大家关心的热点问题。李健熙做出指示，研究探讨环境商业化措施的具体可行性。一般来说，环境问题对企业而言是不利因素，但是成功的企业家总会发现蕴藏其中的绝佳机会。

三星提出将“作业现场安全第一”作为核心内容。为此嘱托“通过日常的安全检查，事前排除危险因素，预防建设工地上可能发生的火灾及安全事故”。同时要求“向消费者提供安全的产品和舒适的设施，明确顾客服务设施也是检查安全问题的重要途径”。为应对环境热点问题，强调“研究未来环保材料和建筑的同时，也需集中探索大件家电产品的消费战略”。此外还补充说道“在设计节能建筑结构、使用节能材料的同时，也要加强同日本、瑞典等能源节约型国家对超节电型产品的创造性再学习”。

（二十三）采购艺术化

“与采购厂商间的信赖决定了产品的品质及竞争力。”

这就是说在同外联企业的关系中，信赖居首。三星提出将

“相生经营，信赖经营，培育外联企业，防止不良购买，采购人员精简化，产品品质为先，单向共同体，现金支付，合理的待遇，技术转移，保持优秀企业”作为此项目的关键词。

“对于容易出现腐败问题的采购部门，在其工作人员浸染恶习之前，需要定期地进行人员调动。”

1997年10月的一段发言中提到，三星的零部件购买规模十分庞大，有人甚至将其称作三星的内部市场。但与此同时，采购负责人沉陷于腐败诱惑的可能性也随之增加。这里使用“浸染”一词，意在说明一两次腐败行为，也会逐渐侵蚀腐化人的思想感官。因此，不能将这类业务托付给人们的道德水平，而需要依靠制度（定期的人员调动）妥善解决。

“如果要在推迟支付干部以上级别人员工资和尽快支付采购物品价格之间做出选择的话，我会选择前者。”

这是1998年9月发表的一句话。当时外汇危机风暴还未消退，李健熙认为在这样的困难时期，首先要帮助外联企业，之后再顾及三星的领导干部。因为只有这样才能提升三星的品牌信任度，同时也可以获得更好的零部件和设备装置。

“对于同多家公司进行贸易往来的外联企业，三星应取消与其的合作关系。即使需要投入更多经费，也必须构筑专职服务于三星集团的外联企业，否则大部分的技术可能就此外泄。”

这是警戒因外联企业而造成技术外流的一段发言。1999 年 2 月，李健熙提出了专项服务于三星外联企业的培育构想。

“不压低价格，保障外联企业的利益，不过分插手，也能维持产品品质。如果做到这样的程度，即使其他企业使出浑身解数想跻身其中，也是不会成功的。”

2003 年 7 月提出了三星专项外联企业的培育方案，即“保障合理利益，减少干预，支持品质保证”的方针。

“作为竞争力基础的外联企业与我们同身心，共手足。对此，我们要持续发展同外联企业的合作（共同体）关系。”

这是 2007 年 1 月的一段发言。对于同外联企业关系的认识已朝着共同体方向进一步发展。这可以看成是对 1993 年“购买艺术化”内容的深化与拓展。

三星提出将“信赖的采购活动”作为其核心内容。为此需要牢记“经营者与购买厂商间的信赖关系决定了产品的品质和竞争力”。同时指出“现金付款方式也会影响材料的质量”。此外要求“研究过去世界手机市场老大诺基亚核心竞争力的采购诀窍，并以此进行创造性再学习”。

三星提出“向采购部门输送优秀人才，在产业概念和品目方面，推进采购人才差别化和专业化”的建议。李健熙所说的“对容易产生不良行为的职位，定期进行人员调动”也被包含在其中。明确指出“同外联企业的共同体关系”。并为此强调“保障物品总量，利益的公平分配，培育技术转移”。为防止腐败行为的发生，提出了“外联企业制度化、标准化”的方针政策。通过缩小负责人掌权的业务范围，从而降低不良行为的发生概率。最后强调“为避免优秀的外联企业被竞争者掠夺，必须寻求合理有效的应对措施”。

市场营销

市场营销部分将围绕（二十四）市场营销、（二十五）顾客满意、（二十六）设计经营三个方面展开论述。

（二十四）市场营销

“争做出售哲学和文化的市场营销。”

出自 1997 年 1 月，谈及自己对市场营销认识的这句话中，蕴含了李健熙独特的哲学思想。在世界上获得好评的企业都在有意无意地出售哲学与文化。对此，三星将“最高级的品牌形象，哲学与文化，软实力，体育营销，慈善营销，企业形象宣传，差别化的销售策略，加大广告宣传”等作为市场营销的核心词。

“营销人员不仅需要了解自身的产品，还需要知晓对方企业的产品概念，此外对于零部件技术也要有所把握。”

2001 年 5 月，主张出售哲学和文化的李健熙哲理思想得到进一步的发展。只有了解竞争对手的产品，掌握零部件的相关技术，才能向顾客介绍说明该产品优于其他的独特闪光点。

“形象管理也是经营的重要一环。通过出口、技术开发、不亏欠银行债务等合理手段获得应有收益却遭鄙视，这就是现实。”

2002年5月，走出外汇危机阴影的三星成了财阀关联公司的龙头老大。伴随三星的进一步发展，李健熙深感周围憎恶和反感的声音越来越大。对此他提出加强对企业名声的管理。但几年后，伴随三星共和国诘难的出现，李健熙也被迫辞去了会长一职。

“在美国，我们应首先超越索尼和松下，为此我们必须做更棒的产品、更好的营销和更多的广告。”

2006年3月，眼看着就要成为美国电视市场的老大，在这关键的时候，李健熙要求进行大规模的宣传活动，结果命中了胜负的要点。最终，三星于2006年成为了美国电视市场的销售冠军。

“如今是市场营销、设计、品牌等软实力相互融合，呼唤复合型创造力的新时代。”

2007年1月发表的这句话意在强调未来将是比拼软实力的时代。

“从事生产、销售工作的员工需要通晓历史。我们在回顾历史时，往往会觉得其滑稽可笑，但是在进行销售规划和商品企划的时候，只有了解其发展历史，才能制造出优秀的产品。

这句出自2007年4月的一段话，意在强调想要制造出令人满意的产品，进行顺利的市场销售，就必须具备通晓历史的人文素养。虽然他不曾直接使用过人文学这样的词汇，但他预测人文学和信息技术的结合将成为未来社会的发展潮流。

三星将“争做出售哲学和文化的市场营销”作为其核心内容。为此提出“在了解产品技术和历史的基础上进行市场营销，灵活运用集团的基础设施，不失品位地进行产品销售”。同时强调“根据区域顾客的特点，实施差别化战略”；“为打造高端的品牌形象，将把在美国实施的营销策略灵活运用于其他地区”。与此同时，提出了“提高广告宣传的质和量”；“寻找促进广告宣传水平更上一层楼的有效方案，对于能够提升公司形象的获奖经历，也积极进行大力宣传”。

（二十五）顾客满意

“亲切的服务源自内心，及时尽心地处理顾客的不满。”

李健熙是否学过心理学，我们不得而知，但可以推测专攻通讯传媒的他对心理学有着或多或少的理解。从上面的这句话里可以看出，他认为在与顾客的沟通中，思想最为重要。三星提出将“顾客为主的系统，顾客的呼声，亲切教育，最好的亲切服务，重视顾客满意度，AS强化，杜绝不便、不满、不亲切”选做顾客满意项目的关键词。

“现在需要进入消费者的内心，关注每一位消费者的动态。之后你会发现，大部分消费者都青睐于使用网络。”

这是于 2002 年 5 月所说的一句话。李健熙认为每一个个体消费者都会成为一种媒介。他告诫我们，如果将一位顾客的意见建议当作耳旁风，网络便会置企业于困境。

“随着公司规模的扩大，上级主管部门与消费者之间也会产生一定的距离。加之技术和需求的不断变化，其与消费者之间的距离也将越来越远。”

这句警戒官僚主义的发言出自 2002 年 12 月。强调了企业进入成长轨道之后，如果管理人员不直接去感受消费者的需求，体会消费者的心理，必定会在激烈的市场竞争中遭到冷落。

“至少要展现三星做的是良心产品。如果出现了顾客要求索赔，我们必须马上给予解决，对于事前所知的事情也应开诚布公。”

2003 年 3 月，李健熙在社长会议中提出，与顾客的沟通交流必须做到诚实。他认为“产品是企业与顾客进行沟通的重要媒介”。做值得信赖的良心产品也正是出于这个原因。

“我们对第三产业的研究还尚未成形。本应从现在开始加大研究，但是却缺乏重视的氛围。”

这是三星展望未来发展的一句话。2007 年 6 月，李健熙希望将三星由制造业公司转变为服务业、软件公司，但这个课题也已被推延至下一代。

“产品出现问题的话，理应进行改正，或者替换成无瑕疵的新产品，让消费者通过其他途径再次购买的做法，不亚于强盗的行为。”

对于李健熙而言，强盗和后腿、毒瘤一样都是带有恶劣意义的词汇。将强盗这样的单词用于售后服务当中，可见顾客对于售后服务的不满是如此之深。在 2007 年 8 月的这番讲话发表了若干年后的今天，很好奇消费者是怎样看待这个问题的。

三星强调将“发自内心的亲切服务”作为核心内容，以此来获得顾客的喜爱和社会的信赖。这也是出于“关注每一位消费者”的要求所需。对此三星强调“重视顾客满意度，以此进行权限转让”。

同时提出“构建消费者为主的业务系统”。有观点认为“这是消除不便、不满和不亲切的最佳捷径”。三星也注重定期加强干部和管理人员与消费者的直接对话沟通，以了解消费者的真实需求与合理建议。

由于制造业比重的自动下降，三星下达了继续扩大服务业比重的大致方针。李健熙所说的“出售服务的时代”正是三星进一步发展的有利机会。“通过出售良好的服务来提升产品销售”的想法已经通过了实践的检验。

（二十六）设计经营

“归根结底，21 世纪是设计和软实力的竞争。”

这是李健熙的一贯主张，无须展开说明。三星将“认同性，综合创造力，三星特有，三星固有，设计战争时代，软实力，追求安全便利性，S 级设计师，创意的工作环境，确保模具技术”等作为设计经营的关键词。这里所说的认同性就是指通过设计，使人第一眼就能认出这是三星产品。确保金属模具技术是为强调，在依据优秀设计制作相应产品的过程中，金属模具发挥着重要作用。

“要想卖出一个好价钱，就必须从设计环节着手，采用最高级的设计和制作工艺，最后再添加一些简便实用的新功能。”

美术用语中有 anachronism 这样一个单词，它的意思是时代错误。美术作品中存在现在和当时作品创作时的两个时间段，而两个时代之间的时间段又相互交织。如果我们不考虑创作时的情形，只用现在的视角来解读作品，可能会产生误差。李健熙说的这句话放在现在完全正确，但是如果回到说话时的 2002 年 9 月，情况会不会有所不同呢？因为当时正处于卖方市场。

“为了强化设计和 R&D 活动，领先竞争对手上市新产品，需要事前做好充分准备。”

数字时代的技术很容易被赶超。比如三星超越索尼，现在中国企业追赶三星的时间都不足十年。李健熙在 2003 年 8 月的一次讲话中提到，技术虽可以被瞬间赶超，但设计绝不是一朝一夕就能被超越的。

“三星产品需要保持一贯的风格，虽然设计非常重要，但是产品的便利性也不容忽视。否则将会给三星的忠实粉丝们造成困惑。”

2005 年 4 月的这句讲话与认同性密切相关。李健熙的欲望永无止境。相比先前凭借设计便能认出是三星产品的要求更进一步，他提出新的设计要让使用三星产品的消费者能够自然而然地感叹“啊！三星的产品果然很方便”。用户界面这样的词汇得到普及就是在李健熙提出此话的四五年后。

“干部以上人员必须亲身体验所有设计，发觉其中的必要元素。”

出自于 2005 年 4 月的讲话。李健熙通过反复讲述以表强调。

“产品设计需更加凸显三星特点。比如说，要有类似一致主题风格的共同部分。”

出自 2006 年 4 月的这段发言再次强调了制作具有三星风格的产品。三年后，三星采用混流生产的方式，在同一生产线上同时生产冰箱、空调、电视等家电产品，借此形成了统一的三星认同性。

“设计软实力不是战斗，而是一场战争。想要不战而胜，就必须具备优秀人才。”

出自2006年9月的这句话是李健熙语录中比较难以理解的部分。估计这参考了军事学方面的知识。赢得战斗，需要战术；赢得战争，则要战略。克劳斯威茨的《战争论》中也提到了这个要点。作为最高战略的“不战而胜”出自《孙子兵法》。这句讲话也是领导三星战略的重要发言。归根究底，想要取得竞争的胜利，就必须要有优秀的人才。

三星将21世纪定位为“设计时代”。由于数字时代的竞争前沿产生于软实力领域，所以有“知识、品牌、设计成为核心竞争力”的说法。对此，各关联公司一致强调具备由设计、营销、品牌构成的综合竞争力非常关键。

设计方面，确保品牌的同一性十分重要。比如说，“吸引顾客眼球的三星独特设计，安全、便利、反映三星一贯性的特有设计”等等。对此，必须要具备决定产品设计力的模具技术、模具机械。

提出将“确保设计核心力量”作为三星的核心内容。下达了“确保S级专家，构筑系统基础设施，为设计师构建创意性的工作环境”等具体方针。同时要求“干部以上级别的工作人员为感官设计的形成付诸努力”。

全球化

全球化部分主要围绕（二十七）国际化、（二十八）本土化、（二十九）三星化三部分展开介绍。从李健熙的发言中，我们可以得出三星成长为全球化强者的独特秘诀。

（二十七）国际化

“三星，扎根世界，遍布全球。”

这是三星国际化项目的核心语句。并将“全球性竞争力，第二个、第三个三星，技术资产化，理解语言·历史·文化，警戒中国，低成本产业指向，开拓潜在市场，印度市场分析，杜绝优越感”作为其关键词。

“进军海外的企业不仅需要在总部，还要在本土互相合作，交流信息，以实现共同发展。”

2001 年 4 月，李健熙强调进军海外的关联企业间需要加强合作。除了半导体，面对电视和手机等 B2C 市场的竞争，各企业之间应加强互信合作，交流信息，从而寻找实现海外战略最大化的有效方案。

“对于海外输入国，我们可能会感到自满和优越。但是如果怀着这样的心理对待当地消费者，必然会遭受失败。所以一定要慎重再慎重地处理问题。”

2001 年 11 月的讲话中提及，除去美国、欧洲和日本，亚洲其他地区以及南美、东欧等地的经济发展相比韩国还较为落后。前往这些地方的派驻人员以及本部职员切记不要因此无视当地的人民。

“在世界各地建设第二个三星、第三个三星的同时，需要进一步扩大欧美和中国市场，并迅速开拓印度和东欧的潜在市场。”

这是 2003 年 1 月全球化扩张战略正式实施时所说的一段话。就像在韩国获得第一一样，在海外也要站稳脚跟，掌控国际市场。

“仅仅因为劳动力低廉，就打算进军海外的想法是完全错误的。”

李健熙认为，在劳动力低廉的国家建成生产设施后，由于劳动力价格的提高，又将企业向其他国家转移的做法还不如直接关门放弃。从长远来看，依靠活用廉价劳动力才能继续存活的项目，对三星而言是没有任何价值的。因为当进行企业的二次转移时，被转移国家的人民会因此怨声不断。三星正式迈进世界电视、手机市场就始于 2005 年 7 月的这次讲话。

“今后十年里，在中国和印度，制造业的地位将被取代。对此，我们需要提前做好准备。”

现在看来，2006年10月的这句对未来的预测准确无误。但是三星是否顺利地应对了变化，还是一个疑问。

“派驻人员只有了解当地的历史文化，才能开展社会交际。如果做不到，五年后三星便会成为二流企业。”

2007年4月提出了为实现国际化，派驻人员应当具备的素养和德行。

三星提出将“三星，扎根世界，遍布全球”，“时刻分析并警戒中国”，“尽快进军印度市场”等三项作为国际化的核心内容。同时强调为实现三星全球化，必须“保证同超一流企业同台竞技的强大竞争力”以及“尽快开拓潜在市场”，但要与“低租金、低成本概念的海外进军方式”划清界限。

我们绝不可以凭借自身的优越感和自负心小看中国，需要时刻注意中国的一举一动，并提前做好应对措施。同时尽快进军印度市场，认识分析印度市场的重要性，以此做出合理对策。将在华的产业转移印度、越南的内容也包含其中。

（二十八）本土化

“开发构建适合当地的经营模式，与当地社会实现相生共赢。”

这是本土化的核心语句。三星将“本土完结型制度，扩大使用当地劳力，独资经营模式，本土适应能力，理解当地文化，积极的贡献社会活动，全球经营管理体制，相生共赢，培养专业经营管理者”等作为本土化项目的关键词。这些关键词可以看作是实现本土化目标的必要条件。

“要让大家知道三星并不是将所赚利益全部塞进自己腰包的企业，为回馈当地社会，三星也在不断努力。”

1997年9月发表的这句话意在强调只有同当地人民和谐共处，才能实现企业的长期经营。

“即使提高海外生产技术部门人员的工资，也要让当地的生产技术相比国内有进一步的提升。”

2001年5月发表的讲话中提到，各国家从事生产的人员不同，生产的产品不同，也就决定了生产技术的不同。即使耗费大量资金，也要雇佣优秀的人才，以确保良好的生产技术。

“尽快掌握东南亚各国收入标准、文化等方面的差异，培养了解当地实情的专业管理人才。”

三星在东南亚等市场战胜日本后，又在核心市场美国展开了正式挑战。2005年7月，在稳固东南亚市场的地位后，公司又提出了要培养了解当地的专业人才。培养当地管理者也就意味着本土化战略即将终结。

“相比输出制造公司，不如宣传韩国三星的固有文化。通过文化能够吸引更多的有志之士。”

李健熙为三星文化深感自豪。2006 年 3 月，他指出只有让当地人民接触三星文化，才能更好地实现国际化经营。

“比我工资高是绝对不可以的错误观点，以及语言障碍导致无法募集优秀人才是造成本土化战略失败的主要原因。”

2006 年 9 月，李健熙深感本土化进程比想象中发展得滞缓。经过调查研究，他从派驻当地的负责人那里找到了答案。他严厉指责因所谓的自尊心而受不了别人工资高于自己的错误观念，同时指出了即使发现当地的优秀人才，但因语言能力和自身素养不足，导致人才缺乏的严重问题。

“设计中心、R&D 中心、生产工厂、生产设施等也要一同转移海外，相关职位也应聘用当地人民。”

2007 年 3 月，李健熙将自己对本土化的构想进行了梳理，提出了以上全面性的本土化要求。

在三星整理的核心内容中，“本土经营交付当地人民”被作为第一方针。提出“组织领导者、部门经理，甚至工厂厂长都应由当地人担任，培养了解当地的专业经营者”的策略。同时学习索尼、IBM、诺基亚在灵活运用当地人力方面的有效经验。第二方针是“构建本土完结型体制”。为此“需要努力加快当地生产技术发展，使之赶超本部水平”，“构建世界一体的经验管理体制”。同时强调“开发构筑适合当地实情的独资经营模式”。本土化战略的目标是“实现与当地社会的相生共赢”。将在海外赚取的利益重新用于当地社会是其首要方法。积极推动如扩大建立奖学金财团、社会捐赠、医疗服务等社会贡献活动。

（二十九）三星化

“实现当地人力资源三星化，构建海外个体三星。”

“同一方向”是李健熙喜欢的单词之一。 最近各种战略研究专家一致认为，将战略付诸行动的最重要因素，便是“职员们心往一处想，力往一处使”。李健熙的海外经营战略“三星化”正与此对应。即像三星人一样的思考，一样的行动，一样的经营。三星为了实现“三星化”的目标，将“个体三星，三星自豪感教育，邀请优秀人才进入本部，投资管理指南，共享本土信息，共享基础设施，合作进军海外，本土人同化，提高三星地位”等作为此项目的核心关键词。

“选派当地的管理层和科长级以上的优秀职员赴韩考察，参观韩国营业点。”

李健熙在 1997 年 9 月的发言中提到，比起三星的各种培训教育，不如直接让他们来韩国感受三星的真实模样，这也是提高三星品牌的最有效方法。

“进军海外时，切勿擅自行事，应当加强合作，共同发展。在水原和器兴，因靠近电子营业点，使我们的竞争力得到了多么大的提高。”

2001 年 5 月提出的适用于海外输出的这句话，揭示了“劲儿往一处使”便是竞争力的真理。

“海外输出时，企业应该集中于同一园区，进行宏观运营。通过在联系政府、劳资管理，甚至建设员工食堂这样的公共设施方面的共享与合作，从而产生协同效应。”

在一年后的 2002 年 5 月，具体论述了共同进军海外市场的合作事项。

“要让海外的雇员感到三星就如同他们本国企业一样。选拔优秀人才赴韩考察，全方位地感受真正的三星，以此使他们树立对于企业的自豪感，从而更加努力地投入工作。所以如何将海外的领导层转变成真心为三星效力的三星人则是问题的关键。”

2007 年 4 月，三星即将成为美国电视市场名副其实的第一。手机在世界市场的占有率也直线上升。李健熙自信满满，积极推进海外职员赴韩三星考察学习。他认为通过这样的方式，能够增强职员们的自豪感，也能提升公司的品牌形象。同时，他强调海外公司的成败关键就在于能否将当地的管理层真正地变为三星人。

三星提出将“促进当地人才三星化”作为其核心内容。对此，三星积极选派优秀人才访韩考察，实施品牌自豪感教育，以及吸收当地获得三星奖学金的毕业生入职。其第二方针便是“在海外构建个体三星”。

同时强调“各国派驻人员之间应加强合作，共享信息”，“制作、共享海外投资管理共同指南”是实现个体三星目标的基础。同时也需要通过共享系统等基础设施以扩大协同效应，为推动三星的经营文化在海外扎根而不断努力。

企业文化

最后的第九章企业文化主要围绕（三十）创意与挑战、（三十一）正道经营、（三十二）集团共同体、（三十三）社会贡献等主题展开介绍。这个部分包括了很多三星至今都没能解开的难题。

（三十）创意与挑战

“打造充满无限挑战和创造精神的工作岗位。”

李健熙的这句话正是他很久以前在脑海中描绘的三星景象。三星将“个性与创意，思路转换，创造性革新，挑战意识，创造经营，接受失败的文化，追求自律，主人意识，从我开始改变，创造性的组织氛围，超一流三星”作为其核心关键词。

“21 世纪是自律和创意的时代。为了在这激烈的竞争中继续存活，就必须具备有别于他人的独特创意。”

“超一流三星指的是，感情相通、严于律己、创意迸发、跃动而富饶的新世界。”

李健熙在 1997 年的新年贺词中提到，为了从管理的三星、战略的三星向创意的三星方向实现跨越，整个集团已经成为行动的起点。这种观点接近于对企业、国家、政府、社会普遍适用的理想组织论。

“要想成为世界第一，那就必须先于他人把握时代潮流，提前一步改变自己。对于需要改变的部分，一定要做到彻底、全面。”

2000年1月，强调了一定要把握新世纪大变化的方向与潮流。凭借这句话，三星在数字时代的浪潮中，取得了卓越的成功，而实现成功的前提条件就是李健熙的标志——变化。

“充满挑战和创造精神的岗位，实现三星家族所有梦想和希望的共同家园，便是我们梦想中三星的模样，也是我们必将实现的美好未来。”

伴随1993年新经营的出台，李健熙发表了与此类似的一段讲话。在2006年的新年贺词中，他再一次提到了梦想与希望。但在1993年他只将其表述为一种理想，2006年则改为必须实现的未来。

“创新精神是革新的种子，也是成长的源泉。培养创造型人才的同时，也要营造不惧失败的良好氛围。”

李健熙将创意、革新、成长和失败之间的关系进行了梳理。他认为，创意造就革新，革新成就发展，而这得以实现的重要条件便是创造型人才。为了能使他们尽情尽力地工作，营造一种勇于接受失败的氛围十分必要。

“积极营造一种接受失败的良好氛围。失败与创造就如同水和鱼一样，畏惧失败，创造也无法得以实现。”

出自 2007 年 1 月，将失败与创造的关系比作水和鱼的讲话，正反映出李健熙企业文化中所蕴含的哲学思想。

三星将“构建创意的三星”定为核心内容。并提出了“二流和模仿不能通用的个性创意时代”，“自律而创意的主人意识”，“充满变化与革新、创造精神的企业文化”等具体课题。

同时强调“具备创造性的革新和挑战意识”。为此，需要打造充满无限挑战和创造精神的工作岗位，还要果断清除阻挡挑战与改变的绊脚石。同时，通过创造性的革新与挑战实现既定的目标与规划，为世界各国的人才尽情发挥聪明才智不断创造有利条件。

（三十一）正道经营

“遵纪守法，以德服人。”

正道经营是三星的另一项重要课题。对于极其细微的法律问题，出现在其他企业同出现在三星完全不是一回事。同样的问题出现在三星，三星会受到数十倍，甚至数百倍的批评与指责。

三星提出将“法律与原则，清廉的组织文化，杜绝小团体，预防腐败，信赖经营，正确经营，公私分离，确立工作纲纪，人性美，道德性，杜绝事故，伦理，社会人”作为正道经营的关键词。

“以三星的名字看待道德问题，应当更感责任重大。企业必须信守商业道德。”

这是2002年5月的讲话。正是因为随着三星的信赖度提高，以至于光凭三星这个名字就可以顺利做成买卖，所以我们才要更加谨慎小心。

“企业不仅要遵纪守法，还要实施符合商业道德的正确经营，这样才能获得大家的爱护与信赖。”

21世纪初，韩国社会开始形成一股反三星的力量。对在三星独自发展、继承过程中出现的非法避税行为和无工会政策，反对呼声日益高涨。面对如此情形，2006年1月，李健熙强调企业从社会得到关爱与信赖是不容忽视的。

“公司经营的核心有：第一，杜绝腐败；第二，要有努力工作的精神；第三，招募优秀人才并加强人才培养。如果社长对公司顶端占5%的人投入精力，90%的人将追随这5%。但是如果社长对一切毫不关心，公司底端5%的人就会兴风作浪，其他90%的人则会陷入动摇之中。”

这是出自2006年6月三星极速发展时的一段讲话。李健熙认为公司越大，出现腐败不正的可能性也就越高。如果容忍不通过努力工作而是借助其他不当渠道捞取利益的行为，那么公司很快就会完蛋。人事也包含在腐败不正的范畴当中，通过不当手段升职的人越多，公司也就越危险，同时从业务成果来看，这些耍手段升职的人一般都排在最后。经营者最重要的职责就是管理努力工作取得成果的公司顶端5%的人群，同时坚决抵制腐败等不正之风。

“组织的结构特点是，上面2%～3%的人努力工作，没有腐败。但对于下面2%～3%的人，无论怎样监督，只会消极怠工，滋生腐败。如果下面这2%～3%的人挤进重要部门，公司也照样完蛋。”

从2007年4月这句再次强调的讲话中可以看出，三星审计组的调查结果已传到李健熙的耳中。他认为下面2%～3%的人在掌握发言权的一瞬间，公司就已经完蛋。这个定理不仅针对三星，对绝大部分组织都很灵验。

“21世纪的经营方式究竟是怎样的呢？归根结底，还不是以道德伦理、环保、服务为基础，不断向前发展吗？”

这是2007年9月反三星风潮更加强烈时的一段讲话。李健熙提出社会责任感是21世纪经营的必要条件。但几个月后，三星受到了特别检查，李健熙也于2008年4月辞去了会长一职。

三星提出将“遵纪守法”作为其核心内容。同时强调“21世纪的经营以道德伦理、环保、服务为基础”，“并通过信赖经营赢得市场和社会的喜爱与鼓励”。在企业内部，杜绝因不守纪律和纲纪松弛而引发事故，并做到公私分明。同时要求建立无不正之风的纯洁组织，并将防治腐败作为公司经营的第一要义。他补充说道，纯洁的组织文化是三星的优良传统，值得我们继承与弘扬。

三星还下达了“构建80%的员工追随公司顶端5%、10%的组织文化”以及“加强对易腐败部门进行定期人事调动”的大致方针。

（三十二）集团共同体

“增强三星人的整体感和凝聚力。”

这是集团共同体项目的核心发言。李健熙很早之前就一直想把三星打造成共同体。1993年的讲话中提到，“即使韩国社会无法改变，只要三星相信我跟随我，便能实现改变。即使三星人死去，这个大家庭也会把集团建造成一个负责任的组织”。他提出实现共同体的条件就是整体感和凝聚力。三星将“个体三星，三星家族，共同体精神，追求同一方向，整体感，核心价值共享，献身与勇气，凝聚力，向心力，共同问题，共同解决，关联企业间的协同”等作为实现共同体的关键词。

“无论何时，无论组织，真正的力量总是出自团结合作的共同体精神与牺牲自我的献身勇气。”

克服外汇危机后，三星内部便再次出现了关联公司同事业部门之间的恶劣竞争。2002 年 1 月的这句讲话便是为了警戒此类现象。

“面对世界技术的涌进，金融业会有所虚怯，但电子产业反而想借鉴学习并与之竞争。对于电子产业，需要加强创造性再学习。”

2002 年 5 月的这句讲话被加进了三星集团共同体的项目当中。这可以解释为在共同体内部需要时刻保持相互学习的态度。

“每年，三星都会刷新历史，引领经济发展。其重要原因就是三星家族的每位成员都心往一处想，劲儿往一处使，一同展现了共同体精神。”

就像之前所说的那样，从 1993 年开始，“同一方向”这个单词就一直被李健熙不断使用。但在旧版的企业破冰 33 法 中，“同一方向”仅仅出现在一个项目当中。2003 年 1 月，回顾新经营的十年历程，李健熙评价这段时间里取得的成果都得益于以共同体精神为基础，并向着同一方向奋力前进。

“必须向下级传递力量。我很担心项目部会制造壁垒，影响信息交流。由于自身原因而造成项目部内部信息不流通是极其恶劣的。这不是技术上的问题，而是人的问题，组织的问题，战略的问题。”

三星是竞争激烈的组织。不仅在关联公司和项目部门之间，就连职员间的竞争也是出了名的。但如果竞争过于激烈，很容易在部门之间形成壁垒影响沟通。李健熙在2007年3月的讲话中提到，这不是单纯的技术问题，如果处理不当，甚至会给公司战略带来致命性的危害。

三星提出将“增强整体感和凝聚力”作为其核心内容。同时要求“全体职员团结一心，共同讨论，解决问题”，“通过三星家族的自信自豪来增强整体感和凝聚力”。“共享实践三星的核心价值，实现共同发展”也被包含在核心内容之中。

第二方针是“增强关联企业间的协同效应”。这就要求“对于共同关心的问题，集团的相关部门应共同解决”，同时“清除关联企业间的壁垒，实现信息共享”。此外还强调“通过对集团内部优秀公司的创造性再学习，从而避免走过多的弯路”。

（三十三）社会贡献

“助力国家经济发展，积极奉献社会。”

企业破冰33法 的最后一部分便是社会贡献。李健熙认为企业的发展不仅需要助力国家经济发展，同时还需积极地奉献社会。对此，三星每年都会拿出数千亿韩元用于贡献社会。

三星将“三位一体，国民企业，国家经济发展，国家代表企业，领头公司三星，贡献人类社会，无形的责任，受青睐的企业，受尊敬的企业，全球超一流企业”等作为这一部分的关键词。

“要知道，在国家如此困难的时候，技术外流进入海外，会对国家造成几兆，甚至几十兆（韩元）的经济损失。”

1997 年末，随着外汇危机的爆发，韩国国内许多技术人员因此丢掉了饭碗。这时的中国大力接受外来技术人员，一部分韩国技术人员带着在国内公司学到的技术投奔中国企业。对此，李健熙于 1998 年 2 月强调必须加强警戒此类现象。

“从业人员的待遇变好，外联企业的收益增加，产品质量提升……这是经营，这是回报社会，这就是所谓的成功企业。”

这是 2001 年 6 月的一段发言。从这句没被整理好的讲话中能够发现，李健熙对赋予企业过多任务和期待的社会氛围是持批判的态度。

“能使业界文化更上一层楼或使行业概念发生根本性变化，这才是三星。”

李健熙认为自己有别于其他企业家，三星也需有别于其他企业。2001 年 7 月这句要求通过差异来改变产业文化的发言，体现出李健熙独特的企业家精神。

“哪怕三星成为国民的企业、国家的企业只有短暂的一瞬间，那也不容忘却。三星能有今天的辉煌，绝对不能忘记股东、顾客以及社会所给予的帮助。对此，我们在履行社会责任方面必将尽心竭力。”

随着韩国社会反三星氛围的日益浓烈，李健熙通过 2007 年 1 月的新年贺词，正式提出了国民企业论。

“为了让国民企业的形象深入每位国民的心中，三星还需不断努力。”

2007 年 9 月的发言，也是三星至今的课题。

三星提出将“助力国家经济发展”作为核心内容。并强调“企业多盈利也是对社会的一种回报”，“集团应带着强烈的使命感为恢复经济发展冲锋在前”。李健熙在很久之前提到的“通过政府、企业与国民的三位一体，促进国家经济发展”的内容也被涵盖其中。

与此同时，三星还制订了“积极贡献社会”的方针政策。强调“积极奉献社会是领先企业的重要责任”。并要求“扩大同社会的分享经营”，“构筑与社会相生的企业形象”。最后一个方针便是“成为值得尊敬的国民企业”。对此强调“构建大众喜爱、勇担社会责任的企业形象”，要求“牢记三星是国民的企业，是代表国家的企业”，以此实现三星“引领世界市场”的宏伟目标。

|尾声|

李在镕，任重而道远

2007 年 9 月，李健熙在社长团会议上说："三星企业的成长目标应该是，韩国人一说起三星，就会觉得三星是韩国人的国民企业，是韩国人共有的企业。我们心中对三星应该有这样的认识，并为之努力。"李健熙的这段话可以解读为"国民企业论"。但是，现在看来，李健熙口中的"国民企业"理想和现实还是有着一定的差距。这是李健熙时代的三星留给后代、让后代去解决的课题。那么，这其中的问题到底是什么呢？

下面仅作为采访过三星的记者、三星产品的消费者以及大韩民国国民的一员来谈谈我的看法。在我看来，这其中最大的问题是三星已经让很多韩国人将其定位为"自私的组织"，并没有让韩国人深刻认识到三星的成长和发展为韩国社会的发展进步做出了很大贡献。喜欢当权者只为自己的利益而工作的人少之又少，对政界的当权者是这样，对经济界的当权者亦如此。尤其像韩国这样带有权利被害意识的社会，这种情况则表现得更为严重。

因为韩国国民对三星利益至上的不满，甚至闹出了三星共和国的争论。这从侧面反映出三星为了自身利益擅用国家权力的一面。当然，这样说也有些夸张。但是，比较现实性的问题是，和三星有关联的职员、普通国民以及协作企业均觉得自己似乎遭受到了一定程度的损失。三星每年对韩国社会的贡献数以亿计，但是韩国社会对三星的认识并未因此得到好转，这对于三星来说，是非常严峻的问题，也是亟待解决的问题。三星在韩国虽然是“值得信赖的企业”、“为韩国人所需要的企业”，但是离“受韩国人尊敬的企业”似乎还有那么一段距离。

2010年，韩国政府为保证平昌冬奥会的成功申办，对在世界奥林匹克委员会IOC中具有一定影响力的李健熙给予特赦。当年1月，李健熙在美国召开的CES上公开亮相。记者采访他时，让他对韩国国民说句自己的心里话。

李健熙冷不丁的一句“要是大家都能正直做人就好了”让人难以理解。这究竟是对他被迫下台的委屈申诉，还是他始于1993年主张“坚守道德”的拓展延伸，令人不明所以。媒体将这句话写成了报道，但舆论反响并不太好。很多人认为，获得特别赦免的人反过来劝说国民要正直，本身就是一件本末倒置、无法理解的事情。

而且，在与哥哥李孟熙围绕财产继承纠纷问题进行诉讼的过程中，李健熙说道：“那个人在家才会露出狐狸尾巴。”此言论在社会中立即引起轩然大波，为此他还曾公开道歉。兄弟之间的事情闹到法庭本来就会引起他人的非议，更何况他不是单纯的个人，而是在韩国社会中具有影响力的重要人物。这样的人公开地指责诽谤自己的兄长，不得不引起人们对其“无法与社会沟通”的否定评价。

三星在同社会的沟通方面还不成熟。对此，三星以未来战略为中心，努力通过社交网络等途径亲近大众，心系国民。但对于三星的舆论导向并未得到改善。

在这种背景之下，三星持有的“伦理终结说”趁机站住了脚跟。三星的“伦理终结说”可能会使其陷入脱离国民的巨大陷阱。

三星人通过彻底的教育学会用三星伦理武装自己。所以对于一般的个案，我们很难借助伦理战胜他们，反而十有八九会被其说服。但是和他们讨论之后，虽然觉得他们说的有道理，但也难爽快干脆地做出同意，总会在心里留下一丝遗憾。

三星的伦理中存在陷阱。沟通交流的目的在于打动对方的心灵。三星虽然是电子业界的老大，但却无法打动国民的内心，与国民的同感指数大大下降。

在这样的情形下，20 世纪 60 年代“韩肥事件”（指三星旗下韩国肥料公司被充公，李秉喆次子李昌熙被拘事件。——译注）起出现的被害意识逐渐深入人心。三星虽按照政府的交代行事，但政府却强占了三星旗下的韩国肥料。在进军电视产业时，三星也受到了来自政府和国民的极力反对。对此，李健熙宣泄出“干得好也要挨骂”的不满情绪。在三星人的心里，这种想法虽已根深蒂固，但必须挣脱其思想束缚。

三星是胜利的，但胜者更应将心比心，用心服人。相比处理白血病事件时的冷峻面目，三星更应展现人性面貌。

从现代集团郑周永会长的事例中或许可以得到一些启发。对他的记忆要追溯到1988年，当时，全国的大学附近都贴满了谴责郑周永的大字报。

其内容就是谴责现代重工业向工会成员挥刀威胁的恶性事件。战争（抗美援朝战争）结束以后，工人运动首次在韩国全面展开。从事学生运动的人们认为恐怖的幕后黑手就是郑周永会长，并要求集团对此负责。郑周永取得的所有功绩和这次事件在之后的很长一段时间里，反复重叠出现在人们的脑海中。

对此，为消除人们心中不好的记忆，郑周永于20世纪90年代末启动了金刚山旅游观光项目。许多失去家乡的金刚山居民重回故里，看着故乡的山涧原野，不禁红了眼圈，流下泪水。从此，人们对于郑周永的看法有所改变，过去的不良形象可能也已尘封在厚厚的时间里。一次，郑周永为援助家乡，赶着牛群走上了通往朝鲜的路途。经过临津阁的牛群也成了当时世界新闻的焦点。

从朝鲜回来以后，在一次记者见面会上，当被询问自己此行的感想时，他的一句“太黑暗了”让记者不知所措。这也只能从当时他的眼神和表情中找到答案。对朝鲜因电力不足而处于黑暗中的境况，郑周永深感遗憾。

大概过了一两年以后，郑会长便在儿子们争夺权利的斗争中离开了人世。当时本人因在现场取材，忙得晕头转向。采访了一些前来吊唁的人，迷迷糊糊地度过了那些天。

出殡那天凌晨，有位记者说了这样一句话："送走老爷子，都没法儿找个人喝杯酒，谈谈心，记者真不是一个好职业。"在我看来，这正表达了一个普通人对郑会长在韩国社会留下浓墨重彩一笔，却又匆匆离去的遗憾与不舍。

社会对郑周永的对朝项目存在着多种评价，但郑周永晚年促进家乡发展、推进南北交流的努力是不容否认的。通过这些努力，郑周永也基本消除了在人们心中残留的不好记忆。

一位从事政治和营销咨询的顾问说过这样一句话："真正实现企业家梦想和社会梦想合二为一的就是郑周永，而三星还没能达到这个水平。"这也就是说，郑周永的梦想就是社会的梦想，而三星的梦想还仅仅只是李健熙的梦想、三星自己的梦想。

当然也有反驳的声音。有人认为，这是由于现代集团的解体，使大家失去了埋怨的对象。似乎并非没有道理。但是郑周永赶着牛群访问朝鲜，带给国民们的感动和力量是无可否认的。从现代重工业将郑周永作为其广告代言人来看，可以说人们对他的埋怨与指责已不复存在。

今后三星将会把李健熙作为广告代言人吗？很好奇三星通过李健熙将会传递怎样的内容。现在李健熙已无法自己完成未了的心愿，只能由儿子李在镕托起三星的希望与明天。